国家社会科学基金项目成果（项目批准号：12BZX016）

虚拟社会中人的
虚拟性活动的哲学研究

龚振黔 黄 河 龚 婷 —— 著

社会科学文献出版社
SOCIAL SCIENCES ACADEMIC PRESS (CHINA)

目 录

第一章　人的虚拟性活动的当代形态 …………………………………… 001
　一　人的活动及其历史演变 ………………………………………… 001
　二　当代科技革命的发展与虚拟社会的形成 …………………… 012
　三　人的虚拟性活动及其基本特征 ……………………………… 019

第二章　人的虚拟性活动的构成系统 …………………………………… 033
　一　虚拟性活动主体 ………………………………………………… 033
　二　虚拟性活动客体 ………………………………………………… 042
　三　虚拟性活动中介 ………………………………………………… 048

第三章　人的虚拟性活动的基本形式 …………………………………… 055
　一　人的活动形式 …………………………………………………… 055
　二　虚拟性认识活动 ………………………………………………… 063
　三　虚拟性实践活动 ………………………………………………… 070

第四章　人的虚拟性活动的主要环节 …………………………………… 077
　一　虚拟性活动的活动目的 ………………………………………… 077
　二　虚拟性活动的活动展开 ………………………………………… 081
　三　虚拟性活动的活动结果 ………………………………………… 086
　四　虚拟性活动的活动评价 ………………………………………… 090

第五章　人的虚拟性活动的运行机制 …………………………………… 098
　一　人的需要的发展是虚拟性活动现实进行的内在动力机制 ……… 098

二　科学技术的进步是虚拟性活动现实进行的外在技术机制 …… 103
　　三　人的需要、科学技术、虚拟性活动相互作用、共同发展 …… 113

第六章　人的虚拟性活动的价值意义 …………………………… 122
　　一　人的虚拟性活动对人的辩证作用 ……………………… 122
　　二　人的虚拟性活动对社会的辩证作用 …………………… 133
　　三　人的虚拟性活动对自然界的辩证作用 ………………… 146

第七章　人的虚拟性活动的合理规范 …………………………… 153
　　一　合理规范的根据 ………………………………………… 153
　　二　合理规范的自律 ………………………………………… 168
　　三　合理规范的他律 ………………………………………… 174

主要参考文献 ……………………………………………………… 179

第一章　人的虚拟性活动的当代形态

人的活动问题是一个重要的哲学问题，因为人是活动着的人，社会是由活动着的人构成的社会，人的活动是人和社会存在发展的根本方式，社会历史不过是追求着自己活动目的的人的活动史而已。离开了人的活动，就无法理解人的本质和社会的本质。而人的活动是变化发展的，在当代科技革命的浪潮中，计算机科技、网络科技、信息科技、虚拟现实科技等的迅猛发展催生了虚拟社会，使人的活动从物理空间拓展到虚拟空间，形成了以"数字化符号"为中介的虚拟性活动，实现了人类活动形态的重大变革。虚拟性活动是人的现实性活动的历史延续，更是人的现实性活动的创新发展，其兴起具有内在的根据和必然性，体现了作为社会构成主体和活动主体的人的本质力量，也体现了人的创造本性。为此，要全面、深刻地认识虚拟性活动，就必须在认真考察人的活动及其历史演变的基础上，分析虚拟社会出现、虚拟性活动兴起的社会历史条件，分析虚拟性活动这一新的活动形态的本质和特征。

一　人的活动及其历史演变

虚拟性活动是人在虚拟社会这一新的社会存在形式中所从事的新型活动，也是建立在高科技基础上的新型活动，体现了人的活动形态的创新。但是，虚拟性活动绝不是与人的现实性活动没有内在联系的活动，也绝不是"从无到有"、没有任何历史继承性的活动。从根本上讲，虚拟性活动的主体仍然是人，是人在从事的活动，创新也是人的活动形态的创新，而不是脱离人的活动的创新，所以，虚拟性活动是人的活动在新的历史条件下的拓展和延伸，仍属人的活动范畴，是人的活动的重要组成部分，同样具有人的活动的本性和规定性，具有人的活动的特征。否认这一点，就否认了人的活动发展的连续性，否认了人的活动史。为此，要研究人的虚拟性活动，就必须具体分析何为人的活动，分析人的活动与人、社会的关系，分析人的活动的特征，分析人的活动的历史演变状态等。

从哲学视角看，人的活动是人和社会存在发展的根本方式，是人为了满足自己特定的需要而在一定的社会中所进行的有意识、有目的的制造和使用以工具为主的中介创造性地作用于对象的自觉行为。这样来界定人的活动，一是表明了人的活动与人的内在联系，二是表明了人的活动与社会的内在联系，三是表明了人的活动与其他动物活动的根本区别。

首先，人的活动是人存在和发展的根本方式，与人具有密不可分的内在联系。现实的人总是活动着的人，人正是通过自己的活动，保障了自己的存在，促进了自己的发展。人的活动是属人的活动、为人的活动，人是活动的出发点，也是活动的归宿点，"属人"必须"为人"，"为人"必然"属人"，人从事活动的根本原因和最终动因在人自身。而促使人从事活动的根本原因和最终动因不是别的东西，正是人自己的需要。对此，马克思主义的创始人早就进行过相应的分析。马克思认为，人的需要只有通过人的活动来予以满足，"像野蛮人为了满足自己的需要，为了维持和再生产自己的生命，必须与自然搏斗一样，文明人也必须这样做；而且在一切社会形式中，在一切可能的生产方式中，他都必须这样做"①。恩格斯也指出，是否以人的需要作为人的行为的动因，是否以人的需要来解释人的行为，是能否坚持彻底唯物主义的重要标志。他说："人们已经习惯于用他们的思维而不是用他们的需要来解释他们的行为（当然，这些需要是反映在头脑中，是进入意识的）。这样，随着时间的推移，便产生了唯心主义的世界观。"② 在此，马克思主义的创始人已科学地阐明了人的需要是驱使人从事一切活动的最终动因。人的需要总是人生存和发展的需要，只有其需要得以满足，人才能现实地存在，也才能在现实存在的基础上向前发

---

① 《马克思恩格斯文集》第7卷，人民出版社，2009，第928页。
② 《马克思恩格斯选集》第4卷，人民出版社，1995，第381页。

展。正因为人的活动是属人、为人的活动，是人存在和发展的根本方式，它也体现了人的本质，展现了人的本质力量。马克思正是从这一意义上强调："在我个人的活动中，我直接证实和实现了我的真正的本质，即我的人的本质，我的社会的本质。"① 也正是基于此，马克思把劳动对象化称为人的本质的对象化，把劳动创造的工业看成人的本质力量的公开展示，并形象地指出："工业的历史和工业的已经产生的对象性的存在，是一本打开了的关于人的本质力量的书。"② 所以，人的存在离不开人的活动，人的发展也离不开人的活动，人的活动是人存在和发展的根本方式，是人的本质、人的本质力量的具体体现。

其次，人的活动也是社会存在和发展的根本方式，与社会具有密不可分的内在联系。现实的社会总是由活动着的人构成的社会，没有人，就不会有作为人的共同体的社会，而没有人的活动，就不会有人的社会联系、社会生活，人也不可能组合为紧密相连的社会共同体。人的社会联系是在活动过程中形成的，绝对静止不动的人是不可能与他人发生社会关系、建立社会联系的，关系、联系一定是动态中的关系、联系。从一定意义上讲，人的社会关系、社会联系也体现了人的活动的合作性，体现了人的共同活动，这就是马克思和恩格斯在《德意志意识形态》中所说的，"生命的生产，无论是通过劳动而达到的自己生命的生产，或是通过生育而达到的他人生命的生产，就立即表现为双重关系：一方面是自然关系，另一方面是社会关系；社会关系的含义在这里是指许多个人的共同活动"。③ 如生产呢子、麻布时，"人们还按照自己的生产力而生产出他们在其中生产呢子和麻布的社会关系"。④ 可以说，没有人们的生产活动，就不会有人们的生产关系；没有人们的经济活动、政治活动和精神文化活动，就不会有人们的经济联系、政治联系和思想联系；而没有了这些社会关系、社会联系，也就不能把人与人联结起来，形成人的社会共同体，即现实的社会。同时，现实的社会也是具有生活内容的社会，离开了现实的社会经济生

---

① 马克思：《1844年经济学哲学手稿》，人民出版社，1985，第172页。
② 马克思：《1844年经济学哲学手稿》，人民出版社，1985，第84页。
③ 《马克思恩格斯选集》第1卷，人民出版社，1995，第80页。
④ 《马克思恩格斯选集》第4卷，人民出版社，1995，第538~539页。

活、政治生活和精神文化生活等，也称不上社会了。而社会的经济生活、政治生活和精神文化生活等，是通过人们的经济活动、政治活动和精神文化活动所形成的社会生活；是人们的各种社会活动构建了人们的各种社会生活，人们的各种社会活动是各种社会生活的具体内容；没有现实的人的活动，就没有现实的社会生活，也谈不上现实的社会了。所以，社会的存在是离不开人的活动的。并且，社会总是向前发展的，社会的发展也离不开人的活动。而社会的发展既通过社会形态的变革体现出来，也通过社会文明的发展体现出来，这两者又都是通过人的活动实现的。从社会形态的变革看，它是社会基本矛盾运动的必然结果，而无论是生产力的变革还是生产关系（经济基础）、上层建筑的变革，都是通过人的活动实现的，是人的活动变化发展的结果。从根本上说，生产力的变革就是生产活动中的劳动者、劳动对象和以劳动工具为主的劳动资料以及三者的结合均发生了变革，劳动者的科技素质和劳动能力有了显著提高，劳动对象从范围、种类到利用层次有了重大变化，劳动工具及相关中介系统有了明显的改进和创新，三者的结合更为科学合理，从而引发了生产力的变革。生产力的变革所引起的生产关系（经济基础）、上层建筑的变革也不是自发实现的，而是通过人的能动活动自觉调整的结果。从社会文明的发展看，无论是物质文明的发展、精神文明的发展，还是政治文明的发展、生态文明的发展，从根本上说，都是人的活动进步在社会物质、精神、政治、生态等方面的具体体现，是人的物质文明建设活动、精神文明建设活动、政治文明建设活动和生态文明建设活动的积极成果。故此，人的活动是社会存在的根本方式，也是社会发展的根本方式。

最后，人的活动作为人和社会特有的存在发展方式，也与其他的动物活动具有根本的区别。当然，人是从动物界中提升出来的，人的活动也是从动物活动演化而来的，因此，人的活动与动物活动也有内在的联系。联系体现了二者的共同点，区别体现了二者的不同点，只有既看到联系又看到区别，才能客观辩证地认识人的活动。从方法论上讲也是这样，只有通过对人的活动与动物活动的比较研究，才能既看到人来自动物的渊源性，又看到人猿揖别的质变性，从而真正理解人的活动的科学含义。

人的活动与动物活动具有历史的渊源，二者具有共同点。其一，从活动载体看，二者都是生命机体的活动。在生命世界里，只有动物才有严格意义上的活动，植物虽有生命周期，但没有从事活动所需的生理器官、生理肢体，不能在生存空间中从事依靠肢体运动而展开的生命活动。从生物学上讲，人也是动物，只不过是自然界中最高级的动物，是从动物界中提升出来了的社会性的动物。因此，无论是人的活动还是动物的活动，都是生命机体的活动，是各种生理器官、生理肢体发挥作用的过程，离开了有生命力、有活力的机体，人的活动和动物活动都不可能发生，这是共同的。其二，从活动"动因"看，二者都是满足需要的活动。无论是人还是动物，为了自己的生存，都需要同外界进行物质和能量的交换，获得自己生存所需的外界物，而要获得这些外界物，就只有通过自己的活动。从这一意义上说，人的活动和动物活动都是满足自己生存需要的"手段"，满足需要都是活动的"动因"。虽然人的需要与动物需要不同，如动物需要主要是生存需要，是维持物种存在和繁衍后代的简单狭隘的物质性需要，而人的需要则突破了肉体生命的限制和摆脱了纯粹物欲的制约，既有生存需要，更有发展需要。人的需要的不同也导致了人满足需要的方式与动物不同，即活动的手段、方法不同，但是，从都要通过活动同外界进行物质和能量的交换，都是满足需要的活动上讲，二者确实是共同的。其三，从活动表现看，二者都是现实感性的活动。长期以来，我们在分析人的活动特别是实践活动的特性时，总是强调它是现实感性的活动，把现实感性作为实践活动的重要特性。这种看法虽有道理，但不全面。因为动物的活动也同样是现实感性的活动，现实感性是人的活动的属性，但不是人的活动的特性，只有独有的性质才是特性。人的活动确实是现实感性的，活动的要素是现实感性的，活动的过程是现实感性的，活动的结果也是现实感性的。而动物的活动也同样是现实感性的活动，动物的活动要素是现实感性的，活动的过程是现实感性的，活动的结果也是现实感性的，并且动物也只有通过现实感性的活动才能与外界进行实实在在的物质和能量的交换，才能现实地满足动物生存的需要。因此，无论是人的活动还是动物的活动，都是现实感性的活动，这是共同的。其四，从活动制约看，二者都是遵循规律的活动。无论是人的活动还是动物的活动，都必须遵循一定的客观规律，都要受到客观规律的制约，不能违背客观规律，违背客观规律都要受到客观规律的惩罚。虽然动物活动遵循的是自然规律，如新陈代谢规律、遗传变异规律、适者生存规律等，而人的活动不仅要遵循自然规律，还要遵循生产关系一定要适合生产力状况等社会规律，但从都要遵循客观规律、都要受到客观规律的制约上讲，又是共同的。否认这些共同点，也就否认了人与动物的历史渊源，否认了人来自于动物的这一客观历史事实。

人的活动又与动物活动有着根本的区别，二者具有不同点，并且不同点是多方面的，也是具有质的差异的。

第一，人的活动具有目的指向性，动物活动则没有。人是有意识的存在物，既有自我意识也有对象意识，从而既能自觉意识到自己的需要，又能自觉意识到自己的需要所指向的对象，还能在思维中把自己的需要与需要的对象联系起来，对通过自己的活动作用于什么、怎样作用以及使对象物发生什么样的变化做出预先的设想，即预先设定自己活动的目的，并使自己的活动服从于这样的目的，通过自觉能动的活动来实现这样的目的。人的活动目的一定是具有具体指向性的目的，只有具有具体指向性的目的才是能够实现的目的。可以说，人类越进步、社会越发展，目的性就越强，指向性就越明确。有一定的目的指向性，活动结果在人脑中预先存在着，构成了人的活动与动物活动相区别的重要标志。这正如马克思所说："蜘蛛的活动与织工的活动相似，蜜蜂建筑蜂房的本领使人间的许多建筑师感到惭愧。但是，最蹩脚的建筑师从一开始就比最灵巧的蜜蜂高明的地方，是他在用蜂蜡建筑蜂房以前，已经在自己的头脑中把它建成了。劳动过程结束时得到的结果，在这个过程开始时就已经在劳动者的想象中存在着，即已经观念地存在着。他不仅使自然物发生形式变化，同时他还在自然物中实现自己的目的，这个目的是他所知道的，是作为规律决定着他的活动的方式和方法的，他必须使他的意志服从这个目的。"① 而动物是没有意识的存在物，既无自我意识也无对象意识，对自己的需要只有本能式的感觉，不可能自觉意识自己需要什么和怎样满足自己需要的问题，不可能对自己的活动结果做出预先的设想，不可能事前设定活动的目的，不可能

---

① 《马克思恩格斯选集》第 2 卷，人民出版社，1995，第 178 页。

超前明确活动的具体指向，因此，动物的活动纯粹是由欲望所驱使的，是无目的的、盲目本能的活动。

第二，人的活动具有工具中介性，动物活动则没有。制造和使用工具并使之成为活动的中介，也是人的活动与动物活动相区别的一个根本标志，因为"工具意味着人所特有的活动，意味着人对自然界的具有改造作用的反作用"。① 在人的活动中，不仅有活动的两极，即作为主体的人和作为客体的外界物，而且有以工具为主的中介系统，主体是通过中介去作用于客体的。人之所以要通过自己的活动制造工具和使用工具，主要在于，人的生理器官具有不少自然的局限性。单就生理器官的功能而言，人在许多方面不如动物。为了克服这些局限性，更有效地作用于对象物，使自己能更好的生存和发展，人必须也必然要制造和使用工具，以此来延伸生理器官、增强器官功能。奥地利学者阿德勒说得好："人抗御自然的能力很差。为了在这个星球上生存和延续，人不得不发明种种器具以弥补其身体的不足。……无论是速度还是体力，人都不如其它动物。人既无食肉动物的利齿，又无敏锐的视听觉，然而这些都是生存竞争不可或缺的。所以人需要多种器具来保护自己的生存。"② 人也做到了这一点，通过制造和使用以工具为主的中介系统，极大地延伸了自己的生理器官，增强了器官功能，使活动的总体能力远远超过了动物，确保了自己的生存和发展。动物则不具备制造和使用经过改造了的工具的能力，也不可能做到这一点。动物在其活动中，主要是以自己的爪、牙、肢体等为"工具"，来寻觅食物，抵御其他动物的侵袭。它们不可能有意识地打磨石头、刮削树枝，制造并使用自己所需的工具来作为活动的中介。

第三，人的活动具有作用创造性，动物活动则没有。人的活动过程就是人的作用发挥的过程，而人的作用是富有创造性的作用，并且也必须、必然要有创造性，因为人生存和发展所需的东西基本上是外部世界既不现成存在也不会自然生成的东西，必须也必然只能通过自己的能动活动将其创造出来，创造性地构建起适宜于人类生存和发展的条件，绝不能像动物

---

① 《马克思恩格斯选集》第4卷，人民出版社，1995，第273页。
② 〔美〕亚伯拉罕·马斯洛等：《人的潜能和价值》，华夏出版社，1987，第45~46页。

那样自然地顺应自然的条件。也就是说，人生存和发展所需的条件，包括自然环境和社会环境，绝不是天然形成的，而是通过人的创造性活动创造出来的。人的生存和发展需要依赖自然环境，但人不能被动地适应自然环境，而必须在维护生态平衡的前提下去能动地改造自然，使自然界发生符合人的需要的变化。可以说，我们今天生活于其中的周围世界已经不是某种开天辟地以来就存在的、亘古不变的自然环境，而是通过人类世世代代活动创造的"人化自然"。社会环境更不用说，就是通过人的社会性的活动创建的，各种社会生活、社会文明、社会条件，都是人的创造性活动的产物，无不带有人的创造性活动的印记。人的活动作用的创造性，也充分体现了人是具有创造性的能动存在物。动物则不同，它们作为无意识的存在物，不可能从自然中分离出来，作为独立自为的力量与周围环境对立、改变自然。动物与周围环境的关系是自然界内部的关系，是纯粹的自然关系，因此，它们是通过本能的活动寻找现成物来满足自己的需要，既不可能也不需要改变既定的环境，重新创造一个新的环境，只需消极被动地适应环境就行了。动物在与环境的关系上只有两种可能性，要么顺应环境，要么绝种。

第四，人的活动具有结构优化性，动物活动则没有。人的活动也是一个由各种要素构成的有机系统，活动主体、活动客体和以工具为主的活动中介是其实体性的基本要素。这些构成要素是逐渐优化的，要素的结合也是逐渐优化的。从人类诞生至今，活动主体的主体意识越来越强，主体地位越来越突出，主体作用越来越大；活动客体的范围越来越宽，层次越来越深，利用率越来越高；以工具为主的活动中介种类越来越多，功能越来越先进，作用力越来越强。特别是不断进步的科学技术作为一种日趋重要的渗透性要素，对不断提高活动主体的科技素质，增加活动客体、活动工具的科技含量，从而不断提升活动效率、增强活动效益更是发挥了极其重大的作用。同时，不断完善的管理方法、手段能使活动主体、活动客体和活动中介更好地结合起来，更有效地协调活动各要素的关系，控制活动过程，促使各要素充分发挥其作用，并使这些作用能相互配合、形成合力，从而提高活动的有效性，提升活动的效率。人的活动的结构优化性，也体现了人的活动是具有自我完善功能的自觉能动活动。而动物活动则不可能自觉优化自己的活动结构，因为动物不可能从自然界中分离出来，成为与自然界对立的主体，它们没有主体意识，其活动肢体是基本不变的，生存所需的东西也是基本固定的，不可能制造工具来延伸自己的器官、放大器官的功能，更不可能自觉地把活动要素有机结合起来，形成活动要素的合力，即动物既不可能自觉优化活动的要素，也不可能自觉优化活动的结构，从而致使动物的活动只能是缺乏自觉的自我完善功能的消极本能活动。

人的活动是变化发展的，经历了一个历史演变过程，这一历史演变过程与人的发展过程、社会的发展过程是保持一致的，道理很简单，因为人的活动是人和社会存在发展的根本方式，人是活动着的人，社会是由活动着的人构成的社会，人的活动发展史就是人的发展史、社会的发展史，换言之，人的发展史、社会的发展史就是通过人的活动发展史体现出来的。自人类诞生以后，先后经历了原始渔猎社会、古代农业社会、近代工业社会和现代信息社会，这一人类技术社会形态的演变过程既是社会的演变过程、人的演变过程，也是人的活动的演变过程。在这一过程中，人的活动的演变表现出了一系列的特点，概括起来，有以下三个特点。

其一，科技含量越来越高。科学技术是人的智慧的结晶，是人的活动的产物，而科学技术一旦形成，又成为人类认识世界和改造世界的强大精神力量和物质力量，推动着人的活动的发展。从一定意义上说，人的活动的发展状况与科学技术的发展状况具有直接的相关性。在人类刚从动物界中提升出来的原始渔猎社会的初期，人的意识正在形成过程中，自我意识和对象意识尚未完全分化，认识主要处于感性阶段，不可能有真正意义上的科学技术的产生。这时的活动虽是属人的活动，却是水平低下的活动，主体是缺乏明确主体意识的主体，主体性不明显，主体地位很低下，作用的对象单一，主要是以自然形态存在的野兽、鱼类、植物果实等，制作和使用的石刀、石斧等工具非常粗糙，从主体、客体到工具，几乎没有什么科技含量。到了原始渔猎社会的中后期，特别是后期，随着意识能力的增强和认识水平的提高，人类逐步深化了对自然、对自身的认识，朴素的科学意识逐渐形成，与生产相关的技术得以出现，尤其是工具制作技术水平的提高，使主体逐渐具有了一定的科技素质；工具的作用力逐渐增强，作用的对象逐渐增多，人类的活动水平也逐渐提升。从原始渔猎社会到古代农业社会、近代工业社会再到现代信息社会，反映了社会的发展状况，也反映了科学技术的进步状况。也正是科学技术的不断进步，为人的活动的发展提供了强有力的科技支撑。随着科学技术的不断进步，特别是当代科技革命的蓬勃发展，作为主体的人的科技素质越来越高，认识世界和改造世界的能力越来越强，制作工具的材料越来越多样、越来越先进，性能越来越好、效能越来越高，客体的范围越来越大、层次越来越深，经过加工的原材料越来越多。可以说，活动的科技含量越来越呈现加速增长的趋势，活动发展日新月异。

其二，工具创新越来越快。活动工具是活动主体器官的延伸和功能的放大，是主体作用客体的中介，也是衡量人的活动水平的物质标志。工具越先进，则人的活动水平就越高、作用力就越强。我们之所以说原始渔猎社会初期人的活动水平低下，其物质标志就是当时人类所制作、使用的石刀、石斧、鱼叉、木棍等生产工具极为粗糙简陋，作用力很弱。到了原始渔猎社会的后期，随着冶炼技术的诞生和发展，青铜器工具出现了，铁器工具也在形成，从而为农业文明的兴起奠定了工具基础。到了古代农业社会，与生产相关的科学得以涌现，与生产相关的技术也有了较大的发展，特别是冶炼技术发展较快，使生产工具发生了重要的变化，制作工具的原材料已不单纯是天然的自然物，而是经过人工加工过的自然物，如从矿石中提炼出来的铜、铁等金属材料。工具的种类适应着种植、养殖的需要而呈现出多样化的趋势，工具更加锋利、更加耐磨、更加耐用等，性能得到优化，改进的步伐得以加快。到了近代工业社会，近代科学革命和技术革命也导致了工具的革命，工具创新的速度更快。以蒸汽机的出现作为标志的第一次工业革命，就既是科技发展史上的革命，也是工具发展史上的革命：大机器代替了手工工具，机械能代替了人的生物能，实现了对人的体力劳动的解放，促进了适应纺织、化工、采掘、炼金、机械制造等行业生产所需工具的改进和创新。以电力应用为标志的第二次工业革命，也同样既是科技的革命也是工具的革命，它进一步提高了机器的性能和效能，实现了生产的方式从机械能向电能的转化，也进一步加快了工具改进和创新的步伐。到了现代信息社会，当代科技革命的迅猛发展，使工具创新也突飞猛进。从工具制作的物质基础即材料看，确实是越来越多样、越来越先进，如信息功能材料、纳米材料、生物材料、复合材料、高性能陶瓷以及即将面世的其他新型材料层出不穷，具有功能化、复合化、智能化等特征的超级结构材料正向着更优更强功能和结构与功能一体化的方向发展。材料越多样、越先进，必然促使用其制作的工具越多样、越先进；并且工具的性能也越来越好、效能越来越高，如计算机的发展就是如此。时至今日，计算机已成为人类使用最多、用途最广泛的工具，性能越来越好的计算机对于解决国民经济建设、科学技术进步、国防安全及日常生活等领域的重大问题具有十分重要的作用，从而成为科技发展的战略制高点。依赖于计算机技术而研发的高智能机器人，就是充分体现当代科学技术的智能工具，其功能和效能在某些方面已超过了人类。可以说，计算机的创新发展是工具创新发展的缩影和生动体现。

其三，作用对象越来越多。客体的状况直接反映着人的活动状况，或者说，人的活动状况也要通过客体的状况体现出来。在人的活动的历史演变过程中，主体所作用的客体呈现出越来越多的状况，我们从自然形式的客体的变化就能清楚地看到这一点。在人类产生的早期，其活动作用的客体主要是以自然形态存在的自然物，如野兽、鱼、植物果实等，种类既少又单一，并且是陆地地面可见的自然物。随着生产力的发展、人的认识水平的提高和科学技术的兴起与进步，活动的范围逐渐扩大，种类逐渐增多，人们所作用的自然物已逐渐从陆地地面的动植物拓展到地下的矿产资源，实现着从直接利用天然的自然物到改造天然的自然物的过渡。特别是在当代科技革命的条件下，客体发生了革命性的演变，范围越来越大，种类越来越多，利用率越来越高。如随着航天科学技术和海洋科学技术的迅猛发展，人的活动正从陆地向宇宙空间和海洋迅速拓展，使过去不可能的客体成为可能的客体。凭借航天科技特别是航天技术的发展，如航天运载技术、航天器技术、载人航天器技术、月球探测器技术、航天发射与测控技术等的发展，人类对宇宙的勘测已从近地空间向深远空间发展，从远距离观测阶段逐步发展到对太阳系其他天体的实地探测阶段。同时，宇宙空间的开发利用正在变为现实，如开发月球资源将在21世纪成为现实，利用外层空间微重力和超真空环境生产超纯材料、新的药品和优质抗逆农作物的品种等，也将在 21 世纪成为现实。近年来，国际海洋界也取得了一系列重大成果，推动了海洋科技的进步。海洋环境科学、海洋生态科学、海洋及海底构造动力学等学科的研究日益活跃，海洋生物多样性资源可持续开发利用的生物技术、海洋渔业技术、深海生物基因开发技术、天然气水合物资源勘探技术的发展，将为人类开发出新型食物、新型药物和新型能源，充分发挥海洋作为地球生命特别是人类生命支持系统的作用。当代科技的发展，也使客体的种类呈现加速发展的趋势，如前面所说的作为人类文明基石的新材料的发展就体现了这一趋势。客体的利用率也越来越高，我们从新能源的开发利用就可以看到这一点。随着经济社会的发展、世界人口的膨胀、人类对能源需求的持续增长，能源危机日趋严重，人们凭借日益先进的科学技术，把越来越多的目光投向了核能、氢能、太阳能、风能、生物能等可持续能源资源的开发和利用，成效显著。

人的活动的科技含量越来越高、工具创新越来越快、作用对象越来越多，也导致了作用能力越来越强，活动变化越来越快，活动效果越来越好，使人的活动呈现出不断完善、不断进步的发展趋势。

二　当代科技革命的发展与虚拟社会的形成

人的活动总是社会性的活动，总是在一定社会存在形式中进行的活动，人的活动的发展与社会的发展总是保持一致的，离开人的活动的社会和离开社会的人的活动都是不可想象的。人的虚拟性活动作为一种新的活动形态，作为人的现实性活动在当代的创新发展，也与社会存在形式的创新发展密切相关，而社会存在形式的创新发展又与人的活动的创新发展不可分离。正是新型的虚拟社会的形成，才有新型的虚拟性活动的兴起；反之，正是新型的虚拟性活动的兴起，才有新型的虚拟社会的形成。因此，无论是从逻辑性上讲，还是从现实性上看，人的虚拟性活动必然是在虚拟社会中进行的活动，是以虚拟社会为存在形式而从事的活动；虚拟社会的形成是虚拟性活动兴起的社会基础，虚拟性活动的兴起又是虚拟社会形成的现实内容。它们相互生成，也相互依存、密不可分。

虚拟社会不是从来就有的，而是人类社会发展到信息时代才出现的社会存在形式，也是建立在高科技平台上的新的社会存在形式，与当代科学技术革命的发展直接相关，是当代科学技术革命的产物和必然结果，深刻地体现着当代科学技术革命的发展状况。

科学技术革命实际上是科学革命与技术革命的统称，虽然科学与技术、科学革命与技术革命有区别，属不同的范畴，各自具有相对的独立性，不能不加分析地混为一谈，但在现实中，它们确实又不能截然分开，因为科学与技术的结合日益紧密，科学研究必须以技术研发作为基础，技术研发也必须以科学理论作为指导，科学的进步是技术革新的知识源泉，技术研发的需要是科学发展的重要动力，科学革命与技术革命是相互交织、相互作用、相互促进的。特别是在当今世界，二者已构成了有机统一、内在一体化的关系。正是基于此，我们通常把当代科学革命与当代技术革命统称为当代科学技术革命，或简称为当代科技革命。

当代科技革命绝不是突如其来爆发的，而是建立在以往科技发展基础之上的。在人类发展史和科技发展史上，先后发生了三次全球性的科技革命，对社会的发展、人的活动的发展都产生了巨大而深刻的影响。第一次科技革命发生于18世纪的60年代，它以经典力学为基础，以蒸汽技术的发展、蒸汽机的发明和广泛使用为标志，以机器大工业为特征，使人类社会进入蒸汽时代。通过这次科技革命，机器代替了手工操作，机械能代替了人的生物能，极大地推动了生产力的发展、生产关系的调整和思想观念的更新，提升了社会的文明程度，也使人的活动从主体、客体、工具到方式、方法都发生了重大变化，活动效率明显提高。第二次科技革命发生于19世纪的70年代，它以电磁理论为基础，以电气技术的发展、电力的广泛应用为标志，以电力工业为特征，使人类社会进入电气时代。这次科技革命进一步提高了机器的性质和效能，实现了生产的方式从蒸汽时代向电力时代的转化；进一步解放和发展了生产力，强有力地推动了社会各方面的进步，也使人的活动发展到了新的阶段。第三次科技革命即兴起于20世纪中叶的当代科技革命，它既以之前的科学技术发展作为基础，又不是之前的科学技术的简单延续，而是质的飞跃，是人类社会发展史上、科技发展史上的一次更为全面、更为深刻的革命。由于这次科技革命以信息科技、计算机科技、网络科技等的广泛应用为重要标志，人类社会进入信息时代。

　　当代科技革命与以往的科技革命相比较，具有自己的突出特征。其一，科技发展模式发生了根本变革，从过去的"生产—技术—科学"转变为"科学—技术—生产"的新的发展模式，科学走在了技术和生产的前面，而且科学与技术相互支撑，科学理论对技术研发的指导作用和技术研发对科学研究的基础作用越来越显著，它们有机统一，共同推动着生产的发展。其二，科技知识更新速度日益加快，科学技术突飞猛进，科技知识呈现"爆炸"的现象，科技知识翻番的时间越来越短，美国科学家詹姆斯·马丁估计，人类的科技知识在19世纪是50年增加一倍，20世纪40~50年代是10年增加一倍，70年代是5年增加一倍，80年代是3年增加一倍，现在增加一倍的时间应该更短。甚至有人预测，到2020年，人类科技知识总量翻一番的时间是73天左右。其三，科技发展呈现群体突破的态势，与以往的科技革命不同，现代科技起核心作用的已不是一两门科学技术，如之前是蒸汽科技、电力科技等，现代科技是由信息科技、计算机科技、网络科技、生命科学和生物技术、纳米科技、新材料与先进制造科技、航天航空科技、海洋科技、新能源与环保科技等构成的高科技群体，从而标志着科学技术进入了一个前所未有的创新群体集聚突破的时代。其四，学科交叉融合特征突出。二战以来，科学技术在向微观和宏观两极发展的基础上，呈现高度综合的趋势，学科的交叉融合日益明显，在相互联系中发展的特征尤为突出，如DNA结构的破解和计算机的发明与发展等，都来自于不同学科研究者的共同努力。并且，学科的交叉融合还促进了新兴学科的发展。其五，国际科技交流与合作日益广泛。在当今世界，特别是在经济全球化的时代，任何一个国家都不能长期独享某项科技成果，也不可能独自封闭地发展并保持科技先进水平，都需要加强国际的科技交流与合作，特别是一些重大科技课题的攻关，往往需要世界科技界的共同努力，如人类基因组序列"工作构架图"，就是由美国、中国、英国、日本、德国、法国的1000多名科学家经过6年多的团结协作共同完成的。目前，多国科学家还在继续进行人类基因组计划的集体攻关，力求从基因组信息与外界环境相互作用的高度，阐明基因组的功能。可以说，当代科技革命是人类社会生产力的革命和社会发展模式的革命，也是人类思想认识的革命和人类活动方式方法的革命，对社会的发展和人的活动的发展都产生了极为重大而深刻的影响，虚拟社会的形成和虚拟性活动的兴起就是其重要的成果和巨大的贡献。

事实也是如此，当代科技革命作为迄今为止人类社会发展史上、科技发展史上更为全面、更为深刻的革命，使虚拟社会的形成和虚拟性活动的兴起成为历史之必然。自建立在相应科学基础上的计算机技术、网络技术、信息技术和虚拟现实技术等出现以来，在短短的几十年里，网络世界已经发展成人类极其重要的活动场域，虚拟化、数字化正在以一种前所未有的速度和方式深深地影响和改变着人类的生存与发展模式，时至今日仍方兴未艾，呈现日新月异的趋势。网络是这个时代馈赠给我们的最好礼物，它使人类的生存与发展从物理的现实世界拓展到网络的虚拟世界，构建了虚实交融的活动场域。电子商务催生的虚拟经济改变着诸多传统产业、行业，日益发展成社会生产中的重要经济形态；基于现代科技而形成的便捷的、开放的虚拟空间，为人们的工作、学习、生活和交往提供了更多的机会和更广阔的空间，各种网络交流平台、交易平台及虚拟图书馆、虚拟博物馆、虚拟教育应运而生；基于智能终端、虚拟现实设备而形成的虚拟世界的活动场景，越来越成为现实生活中的必不可少的"现实"，工作、交往、分享、购物等都可依靠虚拟环境来完成；基于人们的现代生产生活而产生的海量数据，成为我们分析个人行为活动、了解产业发展状况、掌握社会发展趋势的重要依据，变革着人们的生活、工作和思维方式，使人类历史迈入大数据时代；结合电子商务所形成的虚拟货币、虚拟银行等虚拟金融市场，冲击着现实中的金融银行业，考验着传统金融业的发展模式；打破物理空间限制而广泛受人们所喜爱的虚拟交往、自媒体，让人们足不出户而知晓天下之事，广交海内外朋友……这些基于网络世界的人的新型行为活动、交往方式、社会组织形态和发展模式等的有机统一，共同构成了我们所讨论的虚拟社会及其在虚拟社会中兴起的虚拟性活动。

因此，我们讨论当代人类社会的结构和形式，分析当代人类活动的形态和方式，总是离不开当代科技革命，离不开大数据时代，更离不开以它们为基础构建的网络世界、虚拟社会及虚拟性的活动。可以说，时至今日，互联网如同空气、水、粮食等基本生存物资一样，业已转化成人们日常工作、学习和生活的基本资源；虚拟社会与现实社会一样，业已演变成当今人类生存和发展的重要场域；虚拟性活动与现实性活动一样，业已发展成人们生存和发展的基本方式。

应该看到，一种新型社会存在形式的形成与发展既要具备必要条件，又要具备充分条件。在一定空间场域中有人这种社会性的高级动物的存在，这是形成所有社会存在形式的必要条件；在这个空间场域中，人这种高级动物是以群居、集体的方式存在的，而且是以特有的动态方式存在着的，是在动态过程中构建联系、关系的。也就是说，人们之间是通过认识和实践等活动相互结成比较稳定的社会联系或关系，这是形成所有社会存在形式的充分条件。就虚拟社会这一新的社会存在形式来看，其虽然是依赖于计算机、互联网、云计算、大数据等现代科技而形成和发展起来的空间场域，但现实的、感性的人始终是这个新型社会的主角，构建虚拟社会的技术以及虚拟社会本身的创造、发明、运用等都是由人来完成的，由人而起，为人而生。人作为一种有意识的、能动的主体，始终主宰着、决定着虚拟社会的过去、现在和未来。而且在这种新型的社会空间场域中，虚拟性认识、虚拟性实践等虚拟活动形式丰富多彩、不断更新，现实性虚拟、可能性虚拟、不可能性虚拟轮流交替呈现，且变化多端、无穷无尽，成为人们基本的虚拟化生存方式和发展途径。人与人之间的交往虽然通过一连串的符号、数字等虚拟的形式而实现，却突破了物理客观存在和物理时空条件的限制，从另外一个角度紧密了人与人之间的联系。"世界历史"中的全球化在这个时代的发展演变成了虚拟世界中地球村的发展。可以说，现代科学技术特别是计算机技术、网络技术、信息技术以及虚拟现实技术、仿真技术的发展，客观上铸造了一个"虚拟性"的社会空间，而置身于其中的虚拟性主体、虚拟性客体、虚拟性中介则通过人的虚拟性活动，相互依存、相互作用构筑起一个客观存在的"虚拟社会"。所以，虚拟社会不仅是一种具有物理属性的技术性存在，而且是一种具有人文属性的社会性存在，是人类社会在其历史演变过程中形成和发展起来的特定产物，是人类社会发展到当代而形成的新型社会存在形式。

那么，何为"虚拟社会"呢，我们应该从哪些方面来界定"虚拟社会"呢？立足马克思主义哲学的话语体系，我们应从以下几个方面来具体分析虚拟社会，为准确界定虚拟社会奠定认识基础。

第一，强调虚拟社会的主体始终是人。不管是物理性的现实社会，还是网络化的虚拟社会，人都是社会的主体。因为只有有了人的存在与发展，才有人的社会联系、社会关系，才有人的活动，才能形成社会这一人类共同体，才能通过人的自觉能动活动推动社会的发展和社会形态的更替。没有人的存在与发展，任何真正意义上的社会都是不存在的，虚拟社会也不例外。虚拟社会也是基于人超越现实、扬弃自我的本质力量而兴起和发展的，现实存在的人始终是虚拟社会的创造者、主导者、组织者和受益者。马克思主义哲学视野中的虚拟社会研究，也应该并且也必须强调人的主体性及其义务性：主体性是说明人能够以其自身的目的指向和行为活动来构建、创造对象化的、新的社会构成形式——虚拟社会；义务性是说明人为了更好地生存和发展，有责任也有义务通过更多的目的指向和行为活动来创新、发展业已兴起，且已对象化了的新的社会构成形式——虚拟社会。所以，从一定意义上说，虚拟社会是人有意识地运用当代科技创造性地构建适应自己生存发展的虚拟场域及其在这一场域中所形成的人的一切社会存在、社会联系、社会关系的总和，从而表明了人创建、发展虚拟社会的目的性和价值性。

第二，强调虚拟社会是当代科技发展的产物。回顾人类发展历史，此前人类的部分活动也带有一定程度的虚拟性，如早期人类在狩猎前装扮鬼神举行的祭祀活动、演员在舞台上挥舞马鞭走几圈表示策马行万里的行为等就是如此，但这些朴素的、简单的虚拟性行为尚未形成完整的社会关系体系，缺乏独立性和系统性，偶尔存在于某些特定的劳动、生活境域中，最多属于社会结构中的虚拟性雏形，算不上真正意义上的虚拟社会。随着当代科学技术的迅速发展和人类需求的不断扩展，那种朴素的、简单的虚拟性活动业已不能满足人们虚拟性的需求，为此，内容更丰富、形式更多样、模式更多元的虚拟性活动以及性质更优、范围更广、层次更高的虚拟性场域在当代科技革命的作用下得以涌现，以此来承载人们的虚拟性生活梦想和实现人们的虚拟化生存发展目的。特别是20世纪中后期以后，当代科技革命的兴起，计算机技术、网络技术、信息技术和虚拟现实等技术的广泛应用，为人的虚拟特性的充分发挥注入了科学的技术性基因，为人们的虚拟生活梦想的实现找到了最好的突破路径，呈现颇为壮观的"虚拟化"井喷现象，从而形成了既有别于现实社会，又与之密切相关的虚拟社会。可以说，社会存在形式的虚拟化从可能性到现实性的转化离不开当代科技，虚拟社会是当代科技革命的必然产物。

第三，强调虚拟社会是人构建的新型活动场域。虚拟社会出现之前，人们只能囿于传统的现实社会生存和发展，而随着社会生产力的不断提高和人的虚拟属性的显性突出，人们运用当代科技平台创造出了一种既依赖于现实又超越现实的活动空间即虚拟社会，使人的活动场域由传统的现实社会拓展为现实社会与虚拟社会共同构成的二重场域。作为一种新型的活动场域，虚拟社会与现实社会之间呈现既继承又创新的关系，既与现实社会有联系，又有独立于现实社会的规律性和自在性，是对现实社会在新的科技条件下的拓展与延伸，是对人的活动场域在新的社会历史条件下的丰富与完善。相对于传统的、物理性的活动场域来说，虚拟社会具有非聚集性、非确定性、非独占性、非封闭性等特征，展现了作为一种人类新型活动场域的与众不同之处。所以，我们说虚拟社会的出现与快速发展，不仅意味着人类在科学技术领域取得了长足进步，而且意味着人类在拓展自身的生存发展场域和活动空间方面也获得了意义重大的突破与创新。

第四，强调虚拟社会是非现实、非主观的活动场域。虚拟社会既不是现实存在的物理世界，也不是人的大脑中主观臆造的虚幻世界，而是有别于它们的一种新型的社会存在形式：既具有客观性，又不具有实在性，即虚拟社会是客观存在于虚实相生的现代社会中的，又不像现实物理世界那样是具体的、现实感性的；既具有抽象性，又不具有主观性，即虚拟社会的一切都被符号化、抽象化、虚拟化了，各种事物、现象、关系甚至于人们的情感都被转化为"1"和"0"的格式，用高度抽象的符号、数字来表示，人与人之间的交往活动也变成了符号、数字之间的互动。但是，它们又不像人的思想意识那样是主观的，即它们是虚拟化了的客观现实存在，或者说，它们是一种特殊形式的客观现实存在。是故，我们说虚拟社会是非现实非主观的活动场域。

第五，强调虚拟社会是人存在和发展的虚拟场域。无论是原有的传统的社会存在形式，还是现有的新型的社会存在形式，只有内含人的存在发展、内含人的活动、人与人之间的关系等人文因素，才能具备社会的本质，才称得上真正的社会。我们把虚拟社会称作新型的社会存在形式，不仅强调了虚拟社会较之现实社会的继承性和创新性，而且强调了虚拟社会同样是人存在和发展的重要场域，虚拟性实践、虚拟性认识、虚拟性交往等虚拟化的行为活动都是人在虚拟社会中所从事的人的行为活动，都是人为了自身的存在和发展而从事的行为活动。也正是人的这些虚拟性的行为活动，才赋予了虚拟社会的社会本质属性和存在价值，"因为在其中，正是由于有了人类行为活动的介入，电子网络空间被人为赋予了社会文化内涵。本来没有任何生命色彩和社会文化属性的电子网络空间，因为有了人的行为活动，构织了人们彼此之间的社会关系，才被赋予了生机和活力"①。所以，没有人的存在发展以及与之相关的行为活动的社会是不存在的，也是没有生命力和发展前途的，因为人始终是社会的人，社会始终是人的社会。从表现形式上看，虚拟网络无外乎就是一种依托于当代科技而形成的信息传播和大数据资源共享的系统平台，很难察觉其所拥有的社会属性，但从本质内容上来说，虚拟网络却能让社会性主体身临其境般沉浸于其中，完成许多现实生活可能的，甚至是不可能的社会工作任务，尤其是近年来虚拟现实、物联网、大数据等技术的大量运用，虚拟社会俨然演变成人们的第二生存与发展空间。由此，我们也就不难理解虚拟社会是人存在和发展的虚拟场域了。

基于以上的分析，我们可以将虚拟社会界定为：人有意识地运用当代科技，创造性地构建的非主观非现实的虚拟性生存发展场域以及人在此场域中的活动所形成的一切社会存在、社会联系、社会关系的总和。

三 人的虚拟性活动及其基本特征

虚拟社会的兴起、发展与人的虚拟性活动的兴起、发展是同时态的，

---

① 李一：《网络行为失范》，社会科学文献出版社，2007，第61页。

虚拟社会一定是由从事虚拟性活动的人所构成的社会，是通过人的虚拟性活动而构建的新型人类共同体。没有人的虚拟性活动，就不会形成虚拟性的社会，也无所谓虚拟性的社会。人的虚拟性活动一定是以虚拟社会作为存在形式而进行的活动，是人在虚拟社会这一新的社会构成形式中所从事的新型活动。没有虚拟社会，同样不会产生人的虚拟性的活动，也谈不上人的虚拟性活动。因此，虚拟社会的兴起、发展过程也就是人的虚拟性活动的兴起、发展过程，反之，人的虚拟性活动的兴起、发展过程也同样是虚拟社会的兴起、发展过程，二者相生相伴、相互生成、相互体现、相互证明。

虚拟社会与现实社会之间既有历史继承性，又有时代创新性；虚拟性活动与现实性活动之间的关系也是如此，既有历史继承性，又有时代创新性，这是我们研究人的虚拟性活动时所不能忽视的问题。应该看到，人的虚拟性活动是当代科技革命的产物，也是人的活动长期发展的结果。从与人的关系上看，虚拟性活动仍属人的活动范畴，仍是人满足自己生存和发展需要的手段，也可以说是人的现实性活动的拓展和延伸；但从活动形态上看，人的虚拟性活动的出现实现了人的活动形态的变革，它从物理的现实世界进入网络的虚拟世界，从活动的主体、客体到活动的中介，从活动的启动、展开到活动的结果，都与高科技密切相关，都通过抽象的数字、符号表现出来，都体现了人的活动的重大变革和质的飞跃，实现了人的现实性活动的创新发展。从这一意义上说，虚拟性活动的出现，既体现了人对当代科学技术的创造性运用，又体现了人自觉地扬弃自我、追求发展、实现超越的类本质。

从历史进程上看，人的虚拟性活动的形成与发展并不是一蹴而就的，而是随着社会生产力的发展和科学技术的进步经历了一个长期的、漫长的演变过程，并在不同的历史时期和不同的生产力状况、科学技术状况下呈现不同的形态。根据虚拟性活动中介的形成、发展、变更情况，我们可以将人的虚拟性活动的形成与发展划分为实物化虚拟阶段、符号化虚拟阶段和数字化虚拟阶段三个历史时期。

实物化虚拟阶段是指人的虚拟性活动在物理时空中以"实物"作为活动中介的发展阶段，或者说，其活动的基本的特征就是以客观存在之物作为活动的中介并在物理时空中完成。这个阶段的活动有一定的虚拟性，只是部分地实现了对现实世界的创造和超越，绝大部分还依赖于客观现实，尚未完全形成相对独立的虚拟性活动形式，但它在一定程度上具备了虚拟性活动的特征，展现了活动主体对现实世界的否定状态和超越趋势，所以是人类发展史上最为简朴、最为原始的虚拟性活动。分析人类发展史，我们发现，虚拟性活动的发展阶段总是与生产力发展水平和科学技术发展水平存在着密切的联系，并呈现正相关的发展轨迹。相对于符号化虚拟活动和数字化虚拟活动来说，实物化虚拟阶段的虚拟性活动确实显得更为简单朴素，这是由生产力发展水平不高、科学技术不发达所造成的，所以，实物化虚拟阶段应该是人类虚拟性活动的初级阶段，容易出现在人类社会发展水平不高的时期。比如，人类很早就利用各种道具和服饰把人装扮成鬼神的祭祀活动，农夫用树枝、稻草和衣服装扮成稻草人竖立于田地边驱赶雀鸟的行为，表演者在传统戏剧舞台上提着马鞭走几个来回表示策马行万里的表演手法等，就属于带有实物化虚拟色彩的行为活动，虽然这些行为活动至今还会出现在社会生活中，但实物化虚拟的性质没有变。这些行为活动中出现的鬼神、稻草人和策马行万里虽然是虚拟的，但是已经表达出了人们心目中的鬼神形象以及利用稻草人保护庄稼、扬鞭策马行万里的意图。因此我们才说，祭祀活动中的鬼神装扮、稻草人对庄稼的保护和演员在舞台上提着一根马鞭来回走的动作，本质上都属于人类实物化的虚拟行为活动。此类虚拟性活动中的中介工具——服饰道具、树枝稻草、戏用马鞭虽然是实在的、具体的，但它们通过人的装扮和表演者的来回走动为人类创造了更深远的虚拟意境，表达了更为抽象的活动内容和功能意义。在这种虚拟性活动中出现的实物已经丧失了实物本身所具有的含义，而是在实物化虚拟活动的过程中，转变为虚拟所拟指的象征符号。如果没有虚拟性活动形式的存在，实物本身在这种场景中也就失去了存在的意义，无法表达出虚拟所指向的寓意。所以，实物在虚拟性活动过程中仅仅属于手段，而非活动的内容或本质。综上所述，对现实世界的实物化虚拟，显得直观和具体，易被人们所接受和理解，做到了化繁为简，化真为虚，是人类虚拟活动发展的初级阶段。它虽然显得不够成熟和不够完善，但业已为人的虚拟性活动的发展奠定了基础，使人类的虚拟化能力得以现实显现。

符号化虚拟阶段是指人的虚拟性活动在现实的物理时空中以具有特定抽象性的文字、语言、图画等"符号"作为活动中介的阶段。文字、语言、图画等符号，特别是文字是人类社会发展到一定历史阶段的产物，也是人类走向文明的象征，对推进社会历史进步具有重要的特殊意义。文字、语言、图画等都是人类历史上使用极为频繁、极为普遍的符号，既是人们认识世界、改造世界的思维标示和意义载体，又是人们表达思想、传播信息的渠道途径和手段方式。而其中的文字和语言是人们使用最多、影响最大的符号，既有本义，又有引申义。既然符号是社会共同约定的用来表示某种意义的记号或标识，是联系被反映物与意义之间的桥梁，具有帮助主体表述、传达、思考的功能，那么符号被运用于虚拟性活动也就成为一种历史必然，因为"人不再生活在一个单纯的物理宇宙之中，而是生活在一个符号宇宙之中，语言、神话、艺术和宗教则是这个符号宇宙的各部分，它们是织成符号之网的不同丝线，是人类经验的交织之网。人类在思想和经验之中取得的一切进步都使这符号之网更为精巧和牢固。人不再能直接地面对实在，他不可能仿佛是面对面地直观实在了"①。人们利用符号这一中介系统可以将自己在现实世界中不能直观表达、传递的信息和意义通过抽象的、虚拟性的方式表达、传递出来，活动主体——人不再像动物那样仅囿于感性的直观的现实活动，"也并不生活在一个铁板事实的世界之中，并不是根据他的直接需要和意愿而生活，而是生活在想象的激情之中，生活在希望与恐惧、幻觉与醒悟、空想与梦境之中"②。所以我们说动物是不可能有虚拟的，虚拟是人类活动的独有属性，虚拟性活动也是人本身所独特具有的活动形式。虽然符号化虚拟阶段的虚拟性活动在大多数情况下仍然局限于传统的物理空间，但它与实物化虚拟相比已经有了显著的进步，表明了人并不只是理性地生存，还幻想地生活、抽象地思考探索，这种幻想的、抽象的存在也在很大程度上激发了人类的创造性，造就了人类的虚拟性。因此，相对于实物化虚拟来说，符号化虚拟阶段的虚拟性活动显得更为高级、更为先进，为人类文明的进步与发展提供了重要的保

---

① 〔德〕恩斯特·卡西尔：《人论》，甘阳译，上海译文出版社，2004，第35页。
② 〔德〕恩斯特·卡西尔：《人论》，甘阳译，上海译文出版社，2004，第36页。

障，为后来的数字化虚拟活动的出现和发展奠定了现实的基础，体现了人类社会、人类活动由简单到复杂、从低级向高级的发展规律。

数字化虚拟阶段是指人类虚拟活动在超越物理时空的虚拟时空中以数字作为中介的发展阶段。数字化虚拟阶段是基于当代科技，尤其是计算机技术、网络技术、信息技术、影像技术、虚拟现实技术等的快速发展而发展起来的，是人的虚拟性活动迄今为止最为高级的阶段，其既具有实物化虚拟直观具体的特点，又集聚符号化虚拟抽象超越的优势，因此其发展速度相当快，已为当今的人们所广泛接受和钟爱。

在数字化虚拟阶段，虚拟性活动的主体借助当代先进的科学技术，如计算机技术、网络技术、信息技术、影像技术、虚拟现实技术等，把现实世界中的客观存在通过信息处理和传输，以 0 和 1 组合的比特（bit）形式在虚拟空间中重新整合创造出虚拟世界，进而以抽象的数字方式体验到真实性的效果。在这样的活动过程中，无论是主体还是客体，其存在状态和外现形式均由数字化的形式代替了物理性的现实形式，即由非实在性的比特代替了真实存在的原子。如果说传统的物理现实世界是由原子构成的话，那么数字化的虚拟世界则是由比特来构成。比特是数字化虚拟世界中的"原子"，虽然没有体积、没有颜色，更没有重量，却能表现不同的信息内容，"比特没有颜色、尺寸或重量，能以光速传播。它就好比人体内的 DNA 一样，是信息的最小单位。比特是一种存在（being）的状态：开或关，真或伪，上或下，入或出，黑或白。出于实用目的，我们把比特想成'1'或'0'。1 和 0 的意义要分开来谈。在早期的计算中，一串比特通常代表的是数字信息"①。比特是以知识、信息、图像、文字作为再现形式，以场的状态而显现于虚拟空间中的。当然，数字化虚拟活动中流动着的信息是客观存在的，并非由人们任意臆造；它们也不同于精神世界的信息，也是不以人的意识为转移而独立存在的。按照尼葛洛庞帝的说法，它们是"结合了影像、声音和数据的'声光飨宴'"，是"能随心所欲地从

---

① 〔美〕尼古拉·尼葛洛庞帝：《数字化生存》，胡泳、范海燕译，海南出版社，1996，第 24 页。

一种媒介转移到另一种媒介",因而它们能触动各种不同的人类感官经验。① 可以说,数字化虚拟阶段是当代科学技术高度发展所构建的科技化阶段,也是人的活动形态创新的阶段。

数字化虚拟阶段的到来,把人的虚拟性活动的发展推向了历史上的更为高级、更为先进的新阶段,第一次真正突破了纯粹传统形式的物理世界的界限,将数字化上升为人类活动中介手段,使活动主体对活动信息的获取、传递、储存、处理和运用的能力空前增强,也使活动工具的智能化和虚拟化水平不断提高,活动对象的范围也随之扩大了。数字化虚拟阶段把知识、数据、信息、熵等都纳入人们所认识、所改造的对象范畴中,物理性的现实世界中的可能或不可能通过数字化、虚拟化进而演变成可能或现实,人类的活动场域、活动形态发生了前所未有的变革。特别是通过与互联网、云计算、大数据的结合,数字化中介系统不仅仅是一种活动中介,还深化演变成人类的一种新型的生产生活方式。互联网通过数字化的虚拟方式,聚集了大量的、全球性的信息和服务资源。每一天,智能佩戴设备记录我们生活起居等的数据,也成为用来分析个体兴趣爱好、行为方式的重要依据,而由此集聚起来的海量数据则是未来经济发展、社会进步的重要财富。谷歌的首席经济学家哈尔·范里安说,全世界的信息正在以每年66%的速度增长,接近摩尔定律,"到2013年,世界上存储的数据预计能达到约1.2泽字节,其中非数字数据只占不到2%。这样大的数据量意味着什么?如果把这些数据全部记在书中,这些书可以覆盖整个美国52次。如果将之存储在只读光盘上,这些光盘可以堆成五堆,每一堆都可以伸到月球"②。数字化构建的网络世界不仅为人们提供了信息互通、思想交流的机会,而且成为人们获得各方面的知识、经验和信息的场所。在大英图书馆网站上,我们可以听到爱因斯坦谈相对论,或叶芝稍嫌呆板的朗诵:"我就要动身走了,去茵纳斯弗利岛。"相隔那么久远的岁月,他们的声音听起来十分的怪异和生涩,但那种惊喜感并不亚于我们第一次在谷歌地球

---

① 〔美〕尼古拉·尼葛洛庞帝:《数字化生存》,胡泳、范海燕译,海南出版社,1996,第89、91页。
② 〔英〕维克托·迈尔-舍恩伯格、肯尼思·库克耶:《大数据时代:生活、工作与思维的大变革》,盛杨燕、周涛译,浙江人民出版社,2013,第13页。

上游览活色古香的古罗马城。网络虚拟世界的人们不再是自私自利的个体，而是自愿付出建构属于全人类共同拥有的互联网，并且允许他人去共享自己的劳动果实。这种付出在大多数情况下是免费的，这种共享剔除了阶级意识差别，突破了社会高低贵贱的限制。无论你来自于世界的任何角落，在任何时候你都可以参与网络活动，共享所有数字化资源，你永远都受欢迎，不会因为你的肤色形象、穿着打扮、宗教信仰和政治态度而被排斥在外。数字化的、虚拟化的互联网不断发展，业已成为人类世界的重要基础设施，如同水和电一样，变成每个虚拟活动主体生存和发展的有机组成部分。

通过对虚拟社会的分析和人的虚拟性活动形成、发展历史的追溯，我们认为，人的虚拟性活动是人超越现实、追求自由的存在发展方式，是人基于当代科技革命的新成果和新的社会历史条件，为了满足自己的需要而在非现实非主观的虚拟世界中所进行的有意识、有目的地制造和使用数字化符号等中介系统创造性地作用于对象物的自觉行为。

之所以如此界定人的虚拟性活动，其理由在于：一是强调人是虚拟性活动的主体。没有作为活动主体的人的存在，任何真正意义上的人的活动都是不存在的，虚拟性活动也不例外。在物理世界中，在现实性活动中，现实的感性的人是活动的绝对主体，是整个活动的发起者、主导者、组织者和受益者；在网络世界中，在新型的虚拟性活动中，人的这种主体地位同样不会改变，人仍然是虚拟性活动的发起者、主导者、组织者和受益者。即使虚拟性活动主体在活动过程中体现了隐蔽性、去场性、间接性，也不能否定人是通过智能化的符号工具掌控着虚拟性活动进程的事实，更不能否定人在虚拟社会中的构建者身份和统治者角色。二是强调人的虚拟性活动仍然是人的活动。人的活动是人存在和发展的根本方式，在不同的历史条件下会产生不同形式的人的活动。建立在高科技基础上的人的虚拟性活动，就是人在虚拟社会中制造和使用抽象的数字或符号等活动工具，认识和改造虚拟世界的一种新型的人类活动形态，是对人类传统活动形态的历史继承与创新发展，体现着人的活动形态在当今及未来社会中的发展方向和趋势。但无论虚拟性活动如何的先进、如何的高级，其仍然属于人的活动范畴，是人为了满足自身需要而在非主观非现实的社会关系中所进行的有目的地运用中介创造地作用于对象物的行为，是人在虚拟社会中的生存发展方式，也是人在新的社会存在形式中从事的新型的活动。三是强调虚拟性活动中介系统的数字化特征。现实性活动中介虽然也会有符号化或数字化的特征，但没有虚拟性活动中介那么明显。因为虚拟性活动必须依赖于计算机、虚拟现实、信息网络等技术和互联网、大数据等平台而形成和发展，在这种特殊的境域中连接主体与客体之间的中介物只能转化为以"0"和"1"的比特形式才能承载着活动两极信息或意义的传递，才能完成主体客体化、客体主体化的活动转化。所以，在人类不同历史时期，不同水平的数字符号或数字形式的中介系统决定了人的虚拟性活动处于不同的历史发展阶段。四是强调虚拟性活动也是人有意识有目的的活动。人是自我意识与对象意识辩证统一的能动存在物，人在活动过程中既能自觉意识到自己的需要，又能自觉意识到自己的需要同满足需要的对象之间的关系，并在自己的头脑中把它们联系起来，自觉地形成自己的活动目的，从而通过自觉能动的活动来实现这样的目的。人的虚拟性活动同样是人在一定意识的指导下所进行的有目的的活动，是现实的人为了实现一定的目的而通过数字或符号等活动中介在虚拟世界中所从事的活动，其意识性、目的性是很突出的，否则就不是人的活动了。五是强调虚拟性活动是动态的、发展的。人永远不会满足于已有的社会历史条件，而是力求通过自己的活动来突破现有的社会历史条件而实现创新发展，创造新的未来和构建自己新的规定性。人的虚拟性活动同样具有这样的特性，它本身就是人不满足于既定现实环境和生产生活条件，创造性地构建新的场域和条件，能动地作用于对象物从而满足自己需要的活动，并且还在不断地创新发展。具体说，就是人类在当代科学技术革命的条件下，有意识、有目的地制造和使用数字或符号等中介系统创造性地作用于对象物的虚拟性活动就是一个动态的发展过程，是人不断扬弃自我、超越现实的本质再现。只要人的需要还在继续丰富拓展，人的虚拟性活动就将继续创新发展。

因此，无论我们是从何层面或是从何角度来解读和诠释人的虚拟性活动，其本质都是当代科技与人的虚拟属性相结合所形成的新的活动形态或新的存在发展方式，在很大程度上依赖于计算机技术、网络技术、信息技术、虚拟现实技术等的发展水平以及与人脑意识或空间想象力的相互融合程度，但它不是人类的想象行为，也不是子虚乌有的抽象活动，而是客观存在的、能够展示人类大脑意识图景和虚拟性地延伸现实性活动的新的活动形态。人的虚拟性活动既依赖于现实性活动，把现实社会作为其发展的基础和发展的参照物，又超越现实性活动，创造性地构建现实社会中的可能与不可能，为人类的生存与发展提供了更大的空间和更多的机遇，它既是现实性活动的逻辑延伸，又是现实性活动的创新发展，是满足人类虚拟化生存发展的根本方式。如果将其描述为现实性活动的复制或拷贝，或将其理解为脱离现实而绝对独立存在的"抽象行为"，是没有科学依据或者说是不了解虚拟性活动本质的。不管是作为人类虚拟化生存和发展的方式与方法，还是作为现实性行为的延展与创新，人的虚拟性活动都与传统的现实性活动存在较大区别，它凭借网络世界解构着人类现实社会的客观存在，创造性地构建着人类一直梦想的五彩缤纷的虚拟化生活。

以数字或符号等智能系统为中介的人的虚拟性活动，既与动物的本能活动有着质的区别，也与传统的人的现实性活动有所不同。既然它是一种新型的人类活动，就一定具有自己的基本特征。通过考察，我们将人的虚拟性活动的基本特征概括为虚拟与客观的辩证统一性、智能与智慧的辩证统一性、超越与创新的辩证统一性、即时与交互的辩证统一性、自由与开放的辩证统一性等。

人的虚拟性活动区别于传统的现实性活动的重要之处在于，它既具有虚拟性，又具有客观性，是虚拟性与客观性的辩证统一。一方面，人的虚拟性活动得以存在、发展的虚拟空间是一种不同于现实物理空间的场域，所有的构成要素及其功能作用都必须转化为抽象的数字形式或符号形式才能参与其中。通常情况下，作用于、指向于活动客体的主体也仅仅体现为一个简单的符号或图片，根本不具备现实性活动主体的生理特征，而客体的存在和被改造也只能通过数字或符号的形式来识别、来接受活动主体的作用，即使是虚拟性活动最终所产生的结果也往往需要使用虚拟的形式来表达。可以说，人的虚拟性活动中的一切都被虚拟化、符号化和抽象化了，社会存在、生活环境、工厂车间、商场超市、高山大川、动物植物等，甚至于人的思想观念、感情感觉都被用高度抽象的数字、符号、图形、颜色、声音来虚拟化表达。另一方面，虚拟性活动并不是"无中生有"的、"毫无根据"的、"虚幻缥渺"的，而是作为主体的人通过先进的智能工具把现实物理世界中的客观存在经过认知理解、加工提炼、抽象转化，最终以数字或符号的形式再创造地展现出来。虚拟性活动的主体表面上虽然已经是符号、数字或图片，但从根本上说仍然是现实社会中的人，仍然是现实社会的人掌控着整个虚拟活动的发起、变化和结果。2016年3月发生的"人机大战"，表面虽然是李世石与AlphaGo的对弈，实际上却是李世石与AlphaGo背后几十位天才的工程师作战。虚拟社会中的客观存在我们都可以在现实社会中找到根据或原形，或是说现实社会中的万事万物我们都可以数字化、虚拟化，甚至于人类特有的思想观念、感情感觉也可以在虚拟社会中通过符号化的形式予以表达。问世于2005年的"Google Earth"（谷歌地球），就是谷歌公司把卫星照片、航空照相和GIS布置在一个地球的三维模型上，开发构筑成的虚拟地球。谷歌地球上的城市、建筑、群山、河流、草原、森林以及来自于外层空间的星系等都与物理世界中的存在物一一对应，从而让人们鼠标一动秒行千里，滚轮轻舒天涯咫尺。当然，虚拟社会中的数字化或符号化存在也会与现实社会中的存在有所不同，因为它们毕竟不是直接性的存在，而是间接性的存在，正如德里达所说的是"在场"孕育的"不在场"，或是"不在场"按主体意志演绎了新的"在场"。也正是因为有客观性的特征，从而决定了虚拟世界中的存在和人的虚拟性活动是不以人的意志为转移的。总而言之，人的虚拟性活动既具有区别于、超越于现实性的"虚拟"成分，又具有源自、依赖于现实性的"客观"成分，从而实现了虚拟性与客观性的辩证统一。

人的虚拟性活动的第二个特征是智能与智慧的辩证统一性。从传统的词义学上讲，"智能"通常是"人的知识"与"智力"的总称。而人的虚拟性活动之所以具有智能性，既在于有具备较高科技水平和文化知识的主体参与，使虚拟性活动具有主体智能因素，还在于虚拟性活动的中介具有许多智能化、自动化的因子，即在主体"不在场"的情况下也能按部就班、按照设计程序执行完成特定的活动任务，从而彰显虚拟性活动的智能特征。虚拟社会的发展瞬息万变、日新月异，虚拟性活动所运用的数字化、符号化、智能化的活动中介，面对主体需求和社会环境的变化能够实现自我配置、自我学习、自我修复、自我完善，从而使人的虚拟性活动具备如同人一样可以在一定的范围内"能意识""能反思"的智慧性，甚至在一些特殊情境中，如主体"缺席""去场"的情况下，虚拟性活动也会"自动"发生、"自主"运行，特别是运用物联网、大数据等技术所构建起的移动智能系统，能通过对外界事物的无限感知和对大量数据的计算处理，把虚拟性活动的智慧属性推向更高的境界，并大量运用于"智能机器人"、"智慧交通"、"智慧城市"及"智慧校园"等实践中。所以，人的虚拟性活动的未来发展方向是越来越拟人化、类人化，甚至在许多情况下不需要主体的参与和操控就能完成活动任务，比如智能机器人、无人驾驶汽车等就是最好的证明。这种智能性与智慧性高度统一的状态，是人的虚拟性活动区别于现实性活动的重要特征，也是其他活动形态不可比拟、难以具备的。

　　超越与创新的辩证统一性，也是人的虚拟性活动区别于现实性活动的重要特征之一。从主体要素方面看，我们开展传统的现实性活动必然需要支出大量的脑力和体力，需要耗费一定的物质资源，而对于虚拟性活动这一新的活动形态来说，因为有了信息化、智能化、网络化等活动工具的参与，超越了现实物理条件的限制和创新了传统的工作程序方法，从而减少了对主体脑力、体力的依赖和对物质资源的消耗，使活动效率更高，活动结果更好，并且基于全球化的、开放性的网络虚拟平台，能够汇聚更多人的智慧和才华去协同创新、共同完成某一项工作。目前受到那么多人追捧和热爱的"第二人生"①虚拟游戏，不仅为人们提供了一个优越于第一人生的"第二人生"的体验机会，而且还极大地激发了参与者的创造力、创新力。如根据现实世界中的风创造的"第二人生"上空笼罩着的气流，即虚拟的"风"，就体现着对现实的超越性和创新性；"第二人生"中许多的建筑物和市场都不是林登实验室所建造或开发的，而是来自世界各地"居民"的智慧和创意。所以，虚拟性活动将超越性与创新性辩证统一于一体，是对于传统同质化活动形式的否定与超越，也是在当代形成规模性效

---

① "第二人生"是一个基于互联网而形成的虚拟世界，由林登（Linden）实验室开发，于 2002 年上线，在 2006 年末 2007 年初由于主流新闻媒体的报道而受到广泛的关注。

应、创新性发展的源泉。从中介要素方面看，连接虚拟性活动主体与虚拟性活动客体的中介系统是人类文明历史发展所积累沉淀下来的智慧结晶，也是聚集当代先进科学技术发展成果为一体的智能产物，这种数字化或符号化的中介系统比传统的活动工具更具有创造性、创新性和智能性，常常在活动主体缺失的情况下，能够指向活动对象而自动作用、智能处理，并基于逻辑计算出的结论提出解决问题的方法，拥有自主学习的能力。从环境要素方面看，人的虚拟性活动发生、发展并产生结果的活动过程都是在具有去中心性、去聚集性、去封闭性、去复杂性的虚拟社会中进行的，从而也就使虚拟性活动突破了现实时空和物理条件的限制，减少了对现实空间的依赖，缩短了必需的劳动时间，节省了大量的体力、脑力和大量的物质资料，为人的虚拟性活动实现意识创新和实践创新提供了更多更好的基础条件和更广更优的环境条件。张世英先生说得好："人类的创造活动的创造性就在于它超越了现实，甚至远远超越了现实，这就等于说凡创造活动都具有虚拟性，虚拟就是肯定现实中不存在或不可能存在的东西的意义和真实性。"[1]

在讨论完超越与创新的辩证统一性之后，我们再来分析人的虚拟性活动的即时与交互的辩证统一性。在人的活动中，人与人、人与事物之间的相互联系、交互作用的现象是普遍存在的，交互性是许多现实活动所具有的性质，也是人生活、工作和学习的必然形式。正是因为人的活动的交互性，我们人类才产生了促进人际交流沟通的语言和文字；正是因为人的活动的交互性，我们人类才出现了体现横向联系与纵向联系的社会与历史；正是因为人的活动的交互性，我们人类才创造了体现共同活动成果的辉煌灿烂的人类文明。既然人的虚拟性活动属于人的一种新型的活动形式，那么其自身也必然具有交互性的特征，但是，虚拟性活动的交互性的独特之处在于突出了即时性，是与即时性的辩证统一。虚拟性活动的即时与交互的辩证统一性是指虚拟性活动主体与客体间或活动要素之间互相提供和接受信息时，能即刻应对方的激励或作用做出相应的响应。根据以上的分析我们了解到，虚拟性活动的主体与客体的"互动""互塑"发生于虚拟社

---

[1] 张世英：《新哲学演讲录》，广西师范大学出版社，2004，第135页。

会中，因为虚拟性活动主体突破了物理现实社会的限制，并大量运用信息化、智能化和自动化的活动中介，从而使主体对客体的作用、客体对主体的反作用更为即时、直接和快速，既缩短了地域空间距离，降低了活动的成本，又节省了活动运行的时间，大大地提高了人的活动效率。因此，我们常说我们现在生活在一个高效的时代，其中一个重要的原因就在于，基于网络，人际的交流、互动比以前更方便、快捷和直接，也可以说，虚拟社会拉近了人与人之间、人与物之间的时空距离，保证了彼此之间的交往渠道更为流畅和交往结果更为即时。

除了以上分析的虚拟与客观的辩证统一性、智能与智慧的辩证统一性、超越与创新的辩证统一性、即时与交互的辩证统一性，人的虚拟性活动还具有典型的自由与开放的辩证统一性。发生于现实社会中的现实性活动，其主体常常只能依赖于物理世界并通过较为单一的、相对封闭的途径或方式来作用于客体、展开相应活动；而虚拟性活动的出现则使活动系统内部的要素和外部运行的机制发生了双重变革，为活动的展开、进行提供了更多的手段、模式和可能性，体现典型的自由性、开放性的特征。从虚拟性活动主体的角度讲，基于数字化、符号化、智能化的、虚拟化的活动中介，业已摆脱了现实性活动中活动对象的时空限制性和具体实存性，不再局限于个体的肢体能力和知识经验，不再迷茫于物理世界的混沌和纷繁复杂的景象，而是具有更为突出的自由性和开放性，能突破现实时空将人类积淀的智慧融合到改造对象的活动目的中去，以更宽广的视野和更强大的能力制造和运用先进的智能化工具去作用于包含信息、数据等在内的对象性存在，并可以反复解构、叠加、重组、复制、试探和验证，模拟接近于现实社会的活动图景，再现类似于现实性活动的流程环节，从而更加全面地认识和把握事物存在和发展的规律，以寻找、挖掘和探究活动展开的多种模式、途径以及发展的可能性。活动主体主导的活动可以"重来"，并且不留痕迹、不浪费大量的时间和精力，从而使人的虚拟活动显得更加自由、更加开放。从虚拟性活动环境的角度讲，其已突破了物理条件的限制以及现实环境中可能存在的政治经济因素的制约，在一定程度上剔除了世俗的干扰和意识形态的影响，并集百家之言、纳各派之长，倡导一种超越现实、追求理想的精神主旨，促使人向着更为自由、更为全面的方向发展。而在现实社会中存在的国家之界、阶级之隔、行业之分也会被虚拟社会、虚拟性活动所解构和重塑，人与人之间的交往都会因为社交媒体、智能终端的运用而变得轻松自如，产业与产业之间的融合都会因为"互联网+""大数据"的融和而实现升级转型。可以说，较之于现实性活动，人的虚拟性活动是自由的、开放的，并在具体运行过程中实现了二者的辩证统一。但需要强调的是，这里所说的自由是具有相对性的自由，开放也是属于有条件的开放，没有绝对的自由、无条件的开放，虚拟性活动也是如此，只不过较之现实性活动，其自由度、开放度更高、更显著。

综上所述，人的虚拟性活动之所以被称作一种新型的人类活动形态，主要是通过虚拟与客观的辩证统一性、智能与智慧的辩证统一性、超越与创新的辩证统一性、即时与交互的辩证统一性、自由与开放的辩证统一性等基本特征表现出来的。当然，除了我们以上所分析的一系列具有辩证统一性的基本特征之外，人的虚拟性活动还具有沉浸性、时间可逆性、个体张扬性等特性，我们将在其他相应的地方论及，在此就不一一细述了。

第二章 人的虚拟性活动的构成系统

按照系统论的观点，任何现实存在的事物都是一个系统：人类是一个系统，人类社会是一个系统，人类的活动也是一个系统。虚拟性活动作为人类活动的新形态，同样是一个系统。换言之，人的虚拟性活动同样是由各种要素相互联系、相互作用构成的动态系统。从内在结构或内容上看，人的虚拟性活动这一系统包含活动主体、活动客体和活动中介三大基本构成性要素。活动主体、活动客体、活动中介都有自己确定的内涵、主要形式和基本特征，也有自己特有的功能，故而能在相互区别的前提下相互联系、相互作用，成为虚拟性活动之动态系统的动态要素。从活动展开上看，人的虚拟性活动的现实展开过程就是各构成要素相互联结、共同起作用的过程，是活动主体运用活动中介作用于活动客体的过程，也是活动结果按活动目的对象化的过程。因此，要充分认识和深刻理解虚拟性活动的本质和价值意义，就必须深入研究虚拟性活动的构成系统，具体分析虚拟性活动主体、活动客体和活动中介等基本要素。

一 虚拟性活动主体

虚拟性活动是人在虚拟的网络世界中进行的活动，但绝不是与现实的物理世界没有关联的活动，也绝不是人类无中生有、突如其来就产生的活动，而是现实社会长期发展、科学技术长期发展和人自身长期发展的结果，是人的现实性活动的必然延伸和创造性发展，因此，虚拟性活动相对于现实性活动，既有历史继承性，又有时代创新性，是继承和创新的有机统一。虚拟性活动如此，虚拟性活动的基本构成要素也如此。作为活动第一要素的活动主体同样具有这样的性质。这就要求我们在分析虚拟性活动的主体时，必须联系现实性活动的主体，既看到其历史继承性，又看到其时代创新性。

简言之，在人的活动系统中，活动主体就是从事活动的人，是活动的行为发出者和主导者。活动主体是人，并且一定是作用于活动客体的人，也就是说，只有与客体构成了对象性关系的人才是主体，主体与客体是相互联结、相互规定的。但活动主体不是现实世界从来就有的，而是经过自然界的长期发展，实现了从猿到人的转化。有了现实的人和人的活动，才有了现实的活动主体。这也告诉我们，只有人才能成为真正意义上的活动的主体，人之外的其他动物是动态的存在物，但不是活动的主体。为什么在世间动态的存在物中，只有人才能成为真正意义上的活动主体呢？成为活动主体到底需要具备哪些条件呢？

活动主体肯定是活动着的存在物，也只有活动着的存在物才能进行活动，而活动着的存在物必须有生物性的生理机体和生命力，这是其能够进行活动的自然前提，因此，人能成为活动的主体，能从事活动，也必须有生物性的生理机体和生命力，这是人作为活动主体的自然前提。马克思主义虽然反对把人看成纯粹的"自然人"，反对把人的自然属性看成人的根本属性，反对单纯地用生物学规律、自然法则来解释人的活动，但并不否认人也是一种自然存在物，并不否认人的生命机体在人的生命活动中的作用。马克思在《1844年经济学哲学手稿》中就认为，"人直接地是自然存在物"，而且人作为有生命的自然存在物，"一方面具有自然力、生命力，是能动的自然存在物"，"另一方面，人作为自然的、肉体的、感性的、对象性的存在物，和动植物一样，是受动的、受制约的和受限制的存在物"。① 在此，马克思是从有生命力和活力的视角来谈人的自然性的，能动和受动是人作为自然存在物的两种状态，这也是人作为现实的存在物、作为活动主体的自然前提。马克思和恩格斯也正是从这一意义上，在《德意志意识形态》一书中强调："全部人类历史的第一个前提无疑是有生命的

---

① 马克思：《1844年经济学哲学手稿》，人民出版社，1985，第124页。

个人的存在。"① 人只有具有生理机体和生命力，只有作为充满生机和活力的生命存在物，才能进行活动，也才能真正成为活动的主体。有生命的自然存在，是人作为活动主体的生理条件和自然基础。这种条件和基础是通过生物遗传造就的。只要遗传基因不变异，人的生物机体和生理机能也不会发生根本性的变化。从人类诞生至今，生物机体和生理机能虽有一定的变化，但从总体上看，其变化不是质变。

活动着的存在物并不都是活动主体，人之外的动物虽然也有生物机体和生命力，能从事其特有的活动，但它们不能成为真正意义上的活动主体，因为生物机体和生命力只是进行活动的必要的自然条件，而不是唯一条件。要能真正成为活动主体，还必须从自然界中提升出来，作为有别于自然的存在物而自觉地作用于自然物，形成自己与被作用物的主客体关系。而要构建主客体的关系，就必须使自己成为社会的存在物和有意识的存在物，这是人之外的动物无法做到的。

人之外的动物作为有生命的自然存在物，也必须与自然界进行物质和能量的交换，必须与它之外的自然物发生相互作用的关系，否则就不能维持其生命存在，也不能进行物种的繁衍。但是，人之外的动物与其他自然物的关系始终是自然界内部的关系，是一种纯粹的自然关系，而不是作为主体与其他自然物发生关系。这正如马克思和恩格斯所说："凡是有某种关系存在的地方，这种关系都是为我而存在的；动物不对什么东西发生'关系'，而且根本没有'关系'；对于动物来说，它对他物的关系不是作为关系存在的。"② 即人之外的动物没有脱离动物界，没有从自然界中提升出来。虽然不少动物也有群体，但其群体仍属自然性的动物组织，不是有别于自然的社会共同体，因此动物不能作为一种不同于自然界的存在物与自然界对立起来，也不能作为独立自为的存在物去作用其他自然物，构不成自己与其他自然物的主客体关系。并且，人之外的动物是没有真正意义上的意识的，既没有对象意识，也没有自我意识，只有本能式的感觉，不能自觉地把自己与其他自然物区分开来，不能有意识地确立自己的主体地

---

① 《马克思恩格斯选集》第1卷，人民出版社，1995，第67页。
② 《马克思恩格斯选集》第1卷，人民出版社，1995，第81页。

位，不能主动地构建自己与其他自然物的主客体关系。

人则不一样，他不仅仅是自然存在物，更重要的是他还是社会存在物。人从动物界中提升出来、实现人猿揖别之后，就成为有别于其他动物的存在物，也形成了有别于自然界的社会共同体，即原始的氏族、部落等。有了社会共同体，才有了世界的分化，才构成了自然界和人类社会两大相对独立的领域，人也才能基于不同于自然界的社会，通过活动构建人与自然界既对立又统一的关系。没有区别就没有对立，没有对立也无所谓统一，对立一定是有区别的事物之间的对立，统一也是有区别的事物之间的统一。社会始终是人和人的活动的存在形式，即使是人类最初的社会构成形式，如原始的氏族、部落等，虽然是从动物群体演化而来的，但它已从根本上区别于动物群体，因为它已是人类的社会组织，是人类及其活动的存在形式，是具有社会联系的人的动态社会系统。时至今日，人类社会的构成已越来越严密、越来越完善。社会对人成为主体的作用是多方面的：一是使人成为独立自为的存在物。从现实性上看，人只有真正地从动物界中提升出来，构成了与自然界不同的社会共同体，人自己才能作为异于动物、异于自然界的存在物而独立存在，从而作为一种独立自为的力量与自然界对立起来，把自然界作为自己改造、作用的对象，通过自己的活动确立自己与外界物的主客体关系，也通过自己的活动实现自然界与人的统一，所以说："人是最名副其实的政治动物，不仅是一种合群的动物，而且是只有在社会中才能独立的动物。"① 二是使人的自然力量打上了社会性的印记。正是由于人的社会存在、社会性的影响和作用，人的自然存在、自然性才成为与其他动物不同的人的属性，或者说，人的自然性是已经被扬弃、已经社会化了的自然性。因此，人作为主体的自然力量已转化为社会性的本质力量，使其活动成为社会性的活动，成为实现社会目标的活动。三是使人的主体作用得以显现。人的主体作用是在活动中发挥出来、显现出来的，而人的活动总是在一定的社会中进行的活动，总要与他人、与社会发生这样或那样的联系，总要与他人、与社会交换这样或那样的活动，社会是人的主体活动得以现实进行的必要形式。马克思曾以生产

---

① 《马克思恩格斯选集》第 2 卷，人民出版社，1995，第 2 页。

为例阐述了这一问题，他认为，在现实社会中，一切生产活动都离不开个人，但生产活动并不是孤立的个人行为，"孤立的个人在社会之外进行生产——这是罕见的事，在已经内在地具有社会力量的文明人偶然落到荒野时，可能会发生这种事情——就像许多个人不在一起生活和彼此交谈而竟有语言发展一样，是不可思议的"[1]。因此马克思强调："人们在生产中不仅仅影响自然界，而且也相互影响。他们只有以一定的方式共同活动和互相交换其活动，才能进行生产。为了进行生产，人们相互之间便发生一定的联系和关系；只有在这些社会联系和社会关系的范围内，才会有他们对自然界的影响，才会有生产。"[2] 人在生产活动中是这样，在其他活动中也是这样。可见，作为主体的人必然是社会存在物，社会是人成为主体的首要条件和社会基础。

人也是有意识的存在物，意识性也是人之外的动物不具有的，这是人与动物相区别的重要标志，也是人能成为活动主体的重要根源。如上所述，动物只有本能式的感觉，没有真正意义上的意识，更谈不上对象意识和自我意识了，因此，动物不可能把自己与所处的自然界区分开来，也不可能以主体的身份作用于自然界，只能作为自然界的一部分去顺应自然。人则不一样。人从动物界中提升出来，很关键的一点就是人具有了区别于动物感觉的人的意识。虽然在人类形成的初期，对象意识与自我意识尚未完全分化，但应该有了人的意识，起码是初级阶段的意识，这样才使人与动物从根本上区别开来，实现人猿揖别。即使人类刚从动物界中迈步出来，意识水平远不如今天，但人类能有意识地打磨石头、砍削树枝，制作成粗糙简单的石斧、石刀、鱼叉，整合群体的力量去为了自己的生存和繁衍而狩猎、捕鱼等，也表明人已有了萌芽状态的对象意识和自我意识，能尚显朦胧地具有了主体意识，因而才能从事属于人的活动。为此，人从产生之日起，就是有意识的存在物，这是人能成为活动主体的重要根据。马克思对此有过专门的分析，他认为："动物和它的生命活动是直接同一的。动物不把自己同自己的生命活动区别开来。它就是这种生命活动。人则使

---

[1] 《马克思恩格斯选集》第2卷，人民出版社，1995，第2页。
[2] 《马克思恩格斯选集》第1卷，人民出版社，1995，第344页。

自己的生命活动本身变成自己的意志和意识的对象。他的生命活动是有意识的。……有意识的生命活动把人同动物的生命活动直接区别开来。正是由于这一点，人才是类存在物。或者说，正因为人是类存在物，他才是有意识的存在物，也就是说，他自己的生活对他是对象。仅仅由于这一点，他的活动才是自由的活动。"① 所以，现实的人总是有意识的人，人作为主体所从事的活动总是有意识有目的的活动。恩格斯也正是从这一意义上强调："在社会历史领域内进行活动的，是具有意识的、经过思虑或凭激情行动的、追求某种目的的人；任何事情的发生都不是没有自觉的意图，没有预期的目的的。"② 时至今日，人的意识水平越来越高，人对自身、对外部世界的认识越来越深刻，主体意识越来越突出，主体作用越来越强。

自然存在物、社会存在物和有意识的存在物是人成为活动主体的基本条件，自然性、社会性、意识性是人作为活动主体的基本特征，它们相互联结、不可分离。从现实关系上看，自然性是社会性、意识性的自然前提，没有生理机体和生命活力，丧失了自然性，人就不可能生存，也不可能与他人发生这样或那样的现实联系，也就没有人的社会和各种社会联系、社会关系了；再者，没有生理性的感觉器官和人的大脑，人不可能形成感性认识和理性认识，也不会有人的意识了。社会性是自然性、意识性的社会基础，离开了现实的社会共同体和社会联系、社会关系，即使有人的生物形体和生理结构，也不是现实的人，更谈不上人的意识，20世纪在印度发现的狼孩就是明显的例证。意识性是自然性、社会性的思维机能，没有了意识，不能认识自己和认识对象物，自然存在物就变成了具有人体的纯粹动物，社会共同体也变成了动物的生活群体。可见，作为活动主体的人既是自然存在物，也是社会存在物和有意识的存在物，当然后者更为根本；自然性、社会性和意识性有机统一，它们一起构成了人作为主体的现实根据。

活动主体总是具有一定形式的主体，其形式也是多样的。从人的社会结构上看，活动主体可分为个人主体、集团主体和社会主体。个人主体是

---

① 马克思：《1844年经济学哲学手稿》，人民出版社，1985，第53页。
② 《马克思恩格斯选集》第4卷，人民出版社，1995，第247页。

指在社会提供的物质条件和精神条件的基础上相对独立地从事活动的个人；集团主体是指基于共同的利益组织起来并在集体意识和共同目的的支配下从事共同活动的群体；社会主体是指在同一地域、同一时间、同一社会历史条件下的个人和集团相互联系构成的人的总体。个体形态、集团形态、社会总体形态的主体也是相互联系、相互制约的。一方面，任何个人总是属于一定集团的个人，任何集团又总是属于一定社会的集团，个人主体离不开集团主体，集团主体也离不开社会主体。另一方面，每一个社会都是由许多集团构成的社会，每一个集团又都是由许多个人构成的集团，社会主体离不开集团主体，集团主体也离不开个人主体。

活动主体也是变化发展的，没有固定不变的活动主体。在虚拟性活动这一新的活动形态出现之前，活动主体也在变化。从特性上看，虽然主体作为自然存在物、社会存在物和有意识的存在物没有变，但自然性、社会性和意识性及功能是发生了变化的。在人类产生的初期，即原始渔猎社会刚形成的时期，生产力水平极为低下，生产工具极为粗糙简陋，人们的活动主要是狩猎、捕鱼及采集野生果实等。这时人的生理素质和体能就处在重要的位置。能否快速地奔跑、凶猛地搏杀、准确地攻击等，直接关乎人类种族能否生存和繁衍。自然力量展现得较为充分，自然性显得尤为突出。社会共同体主要是以血缘关系为纽带构成的原始氏族、部落，群体小，社会交往面狭窄，社会联系简单。人的意识初步形成，对象意识和自我意识尚未完全分化，对周围环境的反映主要以感性认识为主。从形式上看，这一时期必须依靠原始氏族、部落群体的力量才能捕杀野兽等，群体活动是极为普遍的活动。人的个体难以承担狩猎等任务，加之也没有社会分工，个体活动极为罕见。每个氏族、部落都是相对独立的群体，基本上不与其他氏族、部落共同行动，甚至交往也很少。因此，这时的主体是以群体即集团主体为主要形式，个人主体和社会主体尚在形成过程中。经过原始渔猎社会中后期特别是后期的发展，铜、铁等金属工具被运用于生产过程中，生产力水平有了较大提高，社会有了相对剩余的产品，人的对象意识和自我意识已经形成，对外部世界、对自身的认识逐步深化，社会分工开始出现，从而为向古代农业社会的过渡创造了条件。从原始渔猎社会向古代农业社会的转化是社会形态的质变，也使作为活动主体的人发生了重大的变革。从特性上看，一是金属工具等延伸了人的生理器官，放大了人的生物性机能；二是人的社会存在形式发生了质变，突破了血缘关系的束缚，形成了以统治区域为基础的国家，社会交往范围扩大，社会联系呈现多样化、复杂化的趋势；三是对象意识和自我意识的形成完善了意识的功能，数学、天文学、农学以及哲学、艺术、宗教的出现表明人已能透过事物的现象反映事物的本质，凸显了理性思维的作用。也就是说，作为活动主体的特性这时才得以较为完整的呈现。从形式上看，随着社会分工和国家的出现，相对独立的个人主体和以个人、群体为基础构建的社会主体开始从事活动，活动主体的三种形式也正式构成。经历从古代农业社会向近代工业社会、现代信息社会的发展，作为活动主体的自然性、社会性、意识性的有机统一展示得更为充分，作用也体现得更为明显；个人主体、集团主体和社会主体的相互联系更为紧密，相互作用更为突出。

当代科技革命的发展，特别是计算机技术、信息技术、网络技术、虚拟现实技术等的迅猛发展，催生了虚拟社会，导致了虚拟性活动的兴起。虚拟性活动是现实性活动的必然延伸，仍属人的活动范畴，因此在特性和形式上具有历史继承性。从特性上看，虚拟性活动的主体仍然是人，绝不可能是人之外的其他生命存在物，这在前面已做了具体分析。只要主体是现实的人，他就必然是自然存在物、社会存在物和有意识的存在物的有机统一，必然同时具有自然性、社会性和意识性。从形式上看，作为活动主体的人归根到底是生活在现实世界中的人，他们仍然是以个体状态、群体状态和社会总体状态存在的，这样的存在状态也决定了虚拟性活动主体的基本形式仍然是个人主体、集团主体和社会主体。活动主体从特性到形式的这些共同点，也体现了虚拟性活动对现实性活动的继承关系，反映了人的不同活动形态间的内在延续性和历史继承性。否认这一点，就否认了人的活动发展的连续性。

但虚拟性活动又是现实性活动的创造性发展，是人的活动的新的形态，因而相对于现实性活动，它又有时代创新性。虚拟性活动主体也具有这种创新性，从特性到形式都发生了新的重大变化。

从特性上看，虚拟性活动主体的自然性、社会性和意识性有了新的含义和要求，同时还增添了新的特性。在自然性方面，由于网络系统和电脑的高度信息化、智能化、数字化和自动化，较之现实性活动，虚拟性活动主体是要以生理机体和生命力的存在作为前提，但对生理条件的要求却低得多，只要手指能在键盘上操作即能从事虚拟性活动，其至失去双手的人也可通过身体的其他部位如脚趾等操控电脑，主体自然力的耗费是相当小的，并且还呈现越来越小的趋势，当然不会等于零。虚拟社会也是一种新的社会存在形式，虚拟性活动的主体也是既生活在现实物理社会又生活在虚拟网络社会的人，社会存在形式拓展了，人们的社会交往、社会联系范围更大、途径更多，主体的社会性也更为丰富了。电脑是人脑的延伸，也放大了意识的功能，使作为虚拟性活动主体的人能凭借人脑和电脑从事思维活动，提高了主体意识的功能和效能。也就是说，与现实性活动主体相比较，虚拟性活动主体的自然性、社会性和意识性都有了新的变化，自然性的作用在减弱，社会性、意识性的作用在增强，这也符合人的发展规律，因为人的自然力的发展是有限的，而社会力、意识力的发展则是无限的。

需要强调的是，网络世界的出现还使虚拟性活动的主体具有了一些新的特性。其一，人机结合性。在虚拟的网络世界里从事活动的也是现实的人，但与现实性活动主体不同的是，虚拟性活动的主体既包括现实的人，也包括智能化的机器和程序等，如网络系统、电脑及相应的设计程序等，活动主体一定是人机结合的主体。离开了网络系统、电脑及相应的设计程序等，人就不可能从事虚拟性的活动，也不可能成为虚拟性活动的主体。因此，虚拟性活动的主体必须是人机结合体，人机结合，是虚拟性活动得以进行的前提，也是虚拟性活动主体有别于现实性活动主体的新的特性，它表明了活动主体已成为与高科技紧密结合的主体。其二，虚实交融性。虚拟网络世界的出现，拓展了人的生存发展空间，使作为活动主体的人既生活在虚拟社会，又生活在现实社会，既有虚拟性，又有现实性，成为虚实交融的主体。在虚拟社会中，活动主体已经突破了现实性活动主体的物理形象的限制，显露出来的往往是抽象的符号或代码，是已经虚拟化了的抽象存在物。但作为虚拟性活动主体的人毕竟是生活在现实社会中的人，其现实性是永远不会消失的，无论他如何虚拟、如何抽象，归根到底仍是现实社会中的现实的人,具有现实的社会属性和现实的追求、现实的行为等。因此,虚拟性活动的主体一定是虚实交融的主体,虚实交融性成为虚拟性活动主体的新的特性,它表明活动主体的活动范围已从现实世界拓展到虚拟世界。其三,隐显统一性。虚拟性活动的出现,使活动主体表现出了身份的隐蔽性和个性的彰显性,实现了隐与显的统一。一方面,虚拟性活动主体的身份不同于现实性活动主体的身份,在现实性活动中,主体的身份是具体的、透明的,社会角色是清楚的,性别、年龄、民族、职业、受教育的程度、社会经历等社会身份和高矮胖瘦、五官特征等外部形象是可认知和把握的,而虚拟性活动主体的身份则是隐蔽的,出现在网络世界的常常是抽象的符号和代码,社会身份、社会角色甚至外部形象都是隐藏起来的,不加说明是难以辨认的。另一方面,社会身份、社会角色的隐蔽性,极大地减轻了现实社会的压力,使虚拟性活动的主体获得了空前的自由,在虚拟空间中有了参与更多社会活动和更为充分发表意见、看法的自由,使其个性得到了进一步的彰显和张扬。这种隐与显的统一,成为虚拟性活动主体的新的特性,同时也表明了活动主体的社会参与度、个性发展度有了明显的提高。虚拟性活动主体这些新的特性的出现,应该是人的进步、人的全面发展的具体体现。

在网络世界中,虚拟性活动主体的形式也有了新的变化,以群体状态和社会总体状态为形式的集团主体和社会主体虽然还存在,还在发挥作用,但是,相对独立的个体活动在虚拟社会中显得更为普遍、更为常见,因此,个人主体的作用显得更为突出。当然,个人主体始终不能离开集团主体和社会主体而单独存在,任何个人总是隶属于一定群体和社会的个体,个体性总是体现着一定的群体性和社会性。

二 虚拟性活动客体

虚拟性活动的客体作为虚拟性活动的基本构成要素,也是在现实性活动客体的基础上产生的,它和现实性活动客体同样存在继承与创新的关系,同样既有历史继承性,又有时代创新性,这也是我们在分析虚拟性活动客体时必须予以关注的问题。

简言之，在人的活动系统中，活动客体就是活动主体在活动中所作用的对象。活动客体与活动主体也是相互联结、相互规定的，从而构成了人的活动不可分离的两极。在现实性活动中，活动客体一定是现实世界中现实存在的事物，只有现实存在的事物才能成为现实的活动对象。但是，并不是现实世界的所有事物都能同时成为现实的客体，作为现实的客体必须具备一定的条件，具有特定的属性。首先，成为现实的客体必须是主体活动指向的对象，具有对象性。现实世界的事物千差万别、无限多样。从人的活动的发展趋势上看，它们都有可能成为活动的客体，成为主体作用的对象。世上只有尚未作用的事物，没有不能作用的事物，但可能的客体还不是现实的客体，只有纳入主体的活动范围成为活动对象的事物才是现实的客体，即只有与主体构成现实对象性关系的事物才是现实的客体，对象性是客体的基本特性之一。其次，成为现实的客体必须是对人有现实价值的事物，具有价值性。从根本上讲，主体活动指向的对象也一定是人生存和发展所需的对象，因为人的活动始终是满足人生存和发展需要的手段。现实世界是一个相互联系的系统，从联系的无限性看，所有事物对人都有意义、都有价值，这也是所有事物都有可能成为客体的深刻根源，但是，哪些事物能进入主体的活动范围成为现实的活动对象，却与人的需要直接相关。人的需要是人生存和发展的需要，这种需要是历史的、具体的，也就是说，人生存和发展的需要总是在一定的历史条件下形成的具体需要，需要的指向是历史的、具体的。只有那些能满足人的特定历史条件下的具体需要的事物，才是对人有现实价值的事物，才能成为主体作用的对象，成为现实的客体，因此，价值性是客体的又一基本特性。再次，成为现实的客体必须是客观存在的事物，具有客观性。道理很简单，只有客观存在的事物才会对人有现实意义和现实价值，才能满足人特定历史条件下的特定的具体需要，也才能成为主体作用的对象，发生符合人的需要的现实变化，从"自在之物"变成"为我之物"。不是客观存在着的东西只能是"虚无"，人们是不可能把不存在的"虚无"作为活动的对象的。从认识论的视角看，无论是何种形式的客体，包括精神形式的客体，都具有不依赖于主体而现实地存在着的客观性。为此，客观性也是客体不可缺少的特性。最后，成为现实的客体必然是变化的，具有发展性。人的需要不是固定不变的，而是变化发展的，具有不断丰富、日益拓展的性质。人的需要总是人生存和发展的需要，只有这种需要得到现实的满足，人才能作为现实的人而生存和发展。人的需要的丰富、拓展，必然要求更广范围、更深层次的事物进入主体的活动领域成为活动的对象，从而使越来越大范围和越来越深层次的事物成为现实的活动客体。可见，发展性同样是活动客体的特性。从人类诞生至今，作为活动客体的特性是始终存在的，将来也是不会消失的。

活动客体也总是具有一定的形式，从现实形态看，活动客体应分为三种基本形式，即自然形式的客体、社会形式的客体和精神形式的客体。这三种基本形式与人类产生后世界形成的"三大界"密切相关。所谓"三大界"就是我们通常所说的自然界、人类社会和人类思维。自然形式的客体主要是指主体活动所作用的自然界的事物，因为作为主体的人要想生存和发展，就必须与自然界进行物质和能量的交换，从自然界获取物质生活资料等，也就必须以自然界的事物作为自己活动的对象。社会形式的客体主要是指主体活动所作用的社会存在和社会关系，因为作为主体的人在作用自然界的事物、生产自己的物质生活资料的同时，也创造出自己的社会存在，生产出自己的社会关系，并且，人只有作为社会存在物，只有处于一定的社会关系中，才能成为现实的主体去作用自然界，为此，人的对象性活动，必须在指向自然界的同时，又指向自己的社会存在、社会关系。精神形式的客体主要是指主体活动所作用的精神现象和精神产品，因为人作为自然存在物、社会存在物和有意识的存在物，在改造客观世界的同时也必须改造自己的主观世界，必须把自己的思维也作为活动的领域，即把自己的思维活动、精神现象及其结果的精神产品也作为作用的对象，从而优化自己的思维活动、增强自己的思维能力，更好地发挥精神力量和精神产品的社会作用。

虚拟性活动是当代科技革命的产物，是建立在高科技平台上的新型活动，但是，虚拟性活动也是现实性活动的必然延伸，仍属人的活动范畴，因此其活动客体在特性和形式上较之现实性活动客体仍具有历史继承性。从特性上看，其一，作为虚拟性活动的客体仍然是主体作用的对象，具有对象性。无论是现实世界还是虚拟世界，事物都是多种多样的，也不是所有的事物都能同时进入虚拟性活动的范围，成为虚拟性活动的对象，只有在特定的条件下与虚拟性活动主体构成了对象性关系的事物才是虚拟性活动的客体，因此，对象性仍然是虚拟性活动客体的特性。其二，作为虚拟性活动的客体仍然是对人有用、有价值的事物，具有价值性。从根本上讲，虚拟性活动主体的活动所指向的对象也一定是人生存和发展所需的对象，因为人的虚拟性活动同样是满足人生存和发展需要的手段，只有能满足人生存和发展的需要，对人有用、有价值的事物，才能进入虚拟性活动主体的作用范围，成为客体。为此，价值性也同样是虚拟性活动客体的特性。其三，作为虚拟性活动的客体仍然是现实存在或有现实原型的事物，具有客观性。这里所谈的客观性也主要是从认识论意义上说的，即在网络世界中，无论何种形式的客体，都是不依赖于主体而存在着的事物，绝不可能是纯粹"虚无"的东西。因此，客观性仍然是虚拟性活动客体的特性。其四，作为虚拟性活动的客体仍然是变化的，具有发展性。无论是生活在现实世界还是生活在虚拟世界，人的需要都是变化发展的，需要所指向的对象也是变化发展的，不会停留在某个范围内和某个层次上。为此，发展性也应该是虚拟性活动客体的特性。从形式上看，虚拟性活动的客体仍具有三种基本形式，即自然形式的客体、社会形式的客体和精神形式的客体。因为在网络世界中，人们也不能脱离自然、社会和思维这三大领域，这三大领域的事物也是虚拟性活动主体作用的对象。虚拟性活动客体与现实性活动客体从特性到形式的这些共同点，也体现了虚拟性活动对现实性活动的继承关系，反映了人的不同活动形态间的内在延续性和历史继承性，否认这一点，也否认了人的活动发展的连续性。

但虚拟性活动又是现实性活动的创造性发展，是人的活动的新的形态，因而相对于现实性活动，它又有时代创新性。就活动客体而言，其从特性到形式都发生了新的重大变化。

从特性上看，虚拟性活动的客体仍具有对象性、价值性、客观性和发展性，这是稳定的、不变的。但由于网络世界是一种新的存在形式，虚拟性活动是一种新的活动形态，虚拟性活动客体特性的状态发生了一定变化。从对象性看，对象性关系的存在形式是有变化的，在现实性活动中，作为主体的人是使用工具直接地、现实地作用于对象物，对象性关系是建立在现实性的物理时空中的，而在虚拟性活动中，主体是人机结合的主体，人通常是在电脑上作用于对象物。人发出指令后，其作用是通过相关程序和设计完成的，对象性关系是建立在虚拟性的网络世界中的。从价值性看，价值取向是有变化的。在现实性活动中，主体作用的对象物，必须是现实存在的事物，既有满足物质需要的，又有满足精神需要的；而在虚拟性活动中，主体作用的对象物，不少具有超现实性，是理想化的存在物，即或者是现实中并不存在的事物，或者是过去曾经存在过但现在已经不存在的事物，或者是将来才有可能出现的事物，等等。这类事物主要是满足人精神层面的需要，精神性的价值体现得较为突出。从客观性看，虚拟世界里的事物相对于主体而言，也具有客观性，但这种客观性能以抽象的形式出现，即虚拟世界的事物能以抽象的数字形式表现。从发展性看，在特定的历史时期和特定的历史条件下，现实性活动客体在范围上和层次上的发展都是相对有限的；但在虚拟世界中，活动客体可以超越现实，在范围上和层次上的发展是可以趋于无限的。这些变化也体现出，虚拟性活动确实是一种新的活动形式。

虚拟性活动作为现实性活动的创新，其客体还呈现了一些新的特性，这些特性主要是：其一，高度抽象性。在现实性活动中，无论是以自然形式、社会形式还是以精神形式存在的客体，相对于人这一活动主体来说，都是以现实自在的具体状态存在着的，或者有物质性的具体形状，或者有物质性的具体关系，或者有物质性的具体载体，或者有物质性的具体根源，从而能为主体所反映、所改造；但在虚拟性活动中，活动客体则表现为高度抽象的数字或符号，并且也只有转化为以"0"和"1"为格式的抽象数字或符号，才能为活动主体所接收、所处理，真正成为虚拟性活动的客体。确实，"从目前的信息科学技术水平来看，计算机和网络还只能接收、处理和存储以数字化和形式化样式存在的客体信息，而且这种信息还必须具有合理的复杂度。换言之，一切对象，包括自然对象、社会对象和精神对象，包括实体性事物、关系性事物、精神性事物，包括声音、图像、文字、影视等，都必须转化为以0和1形式存在的信息，且具有适当的复杂度，才能为计算机和网络所接收和处理加工。否则，信息化认识主体就无法消化、接收和处理它们"①。因此，高度抽象性是虚拟性活动客体的一个新的特性。其二，虚拟现实性。由于虚拟现实技术的发展，虚拟现实性成为虚拟性活动客体的又一显著的特性。虚拟现实技术也被称为灵境技术或人工环境，作为一项当代尖端科技，它是汇聚了计算机仿真技术、计算机图形技术、网络并行处理技术、传感技术、显示技术等而形成的最新成果，是一种基于计算机而构建的高技术模拟系统。它最早被运用于美国军方的模拟作战系统，20世纪90年代初逐渐引起各界关注从而得到了迅速的发展。使用这一技术，它会产生一种人为制造的虚拟环境，这种虚拟的环境能由计算机图形构成三维的立体数字模型，并编制到计算机中去，从而构建一个以视觉感受为主，也包括听觉、触觉在内的综合可感知的人工环境，从而使人能产生一种沉浸于该环境的感觉，通过它，人们可以直接观察、触摸、操作、检测周围环境及事物的内在变化，与之发生特定的"交互"作用，使人和计算机能在"融为一体"的基础上形成"身临其境"的感觉。虚拟现实技术的迅猛发展，有效地更新了人类认知的手段和拓展了人类认知的领域，为人类更全面、更深刻地认识世界开辟了新的途径。通过它，大到宇宙天体，小到基本粒子，人们都可以进入其内部进行观测和考察；一些过去通常需要数十年甚至逾百年才能观测到的演变过程，现在可以在很短的时间里完成；一些带有危险性的操作过程，现在可以在虚拟实验环境中进行，从而既提高了操作效果，又有效地规避了风险。虚拟现实技术的应用领域越来越广，作用越来越大，虚拟性活动客体的虚拟现实性也表现得越来越突出。其三，超越现实性。虚拟性活动客体不仅具有虚拟现实性，而且还具有超越现实性，即它不仅能虚拟各种现实存在着的东西，而且能创造出现实所无法提供的新的发展空间、可能和平台，创造性地超越现实。在虚拟世界里，主体活动能指向现实的各种可能性、不可能性和不存在性，通过对现实的各种可能性、不可能性和不存在性进行思维构成和数字构成，使人走向一种更高级的创造形态。通过虚拟性活动，人们能构建现实存在着的事物的数字模型，能构建现实中不存在的事物的数字模型，也能构建过去曾经存在但现在已不存在了的事物的数

---

① 杨富斌：《信息化认识系统导论》，军事科学出版社，2000，第65页。

字模型，还能构建只有将来才有可能出现的事物的数字模型，既立足现实又超越现实。虚拟性活动客体的超越现实性，也体现了虚拟性活动的创造性。上述这些新的特性也反映出，虚拟性活动确实是现实性活动的创新发展。

在网络世界里，人们能通过虚拟现实技术等呈现自然事物、社会事物和精神产物，即呈现自然形式的客体、社会形式的客体和精神形式的客体；但从根本上说，它们只是对自然形式的客体、社会形式的客体和精神形式的客体的虚拟性的模拟，是以数字化、符号化的形式出现的，虽然属于虚拟性活动客体的范畴，可是，它们已不同于现实性活动中的自然客体、社会客体和精神客体了，变成了抽象的数字或符号，只能成为虚拟性活动主体作用的对象。

三 虚拟性活动中介

虚拟性活动的中介作为虚拟性活动的基本构成要素，也是在现实性活动中介的基础上产生的，它和现实性活动中介同样存在继承与创新的关系，同样既有历史继承性，又有时代创新性，这也是我们在分析虚拟性活动中介时必须予以关注的问题。

简言之，在人的活动系统中，以工具为主的活动中介就是主体在活动中用以作用于客体的手段，是连接主体与客体的中间环节。制造和使用以工具为主的活动中介来作用于活动客体，是人区别于动物、人的活动区别于动物活动的重要标志。人的形成和人的活动的形成是同时态的，人的形成过程就是人的活动的形成过程，人的活动的形成过程同样是人的形成过程，二者相互体现、相互证明，而人和人的活动形成的重要标志就是工具的制造和使用。在人类产生之前，所有的动物为了生存和繁衍后代都必须从事活动，但动物在其活动中，主要是利用自己的爪、牙、躯体作为"工具"，以此来寻觅食物，这正如恩格斯所说："狭义的动物也有工具，然而这只是它们的身躯的肢体。"[①] 即动物是利用自身的自然器官作为"工具"

---

① 《马克思恩格斯选集》第4卷，人民出版社，1995，第273~274页。

进行活动的，不可能有意识地制造和使用自己所需要的工具。即使是作为从猿到人过渡阶段中的晚期代表的南方古猿，它们虽然在身体特征方面已经同人相近，并且还能利用现成的石块、树枝等自然物抵御猛兽，击毙猎物，打下树上的果实，掘出植物的根茎等，但它们还不会打磨石块、刮削树枝，即还不会制造工具，还不是现实的人，其活动还不是人的活动。形象地说，就是"任何一只猿手都不曾制造哪怕是一把最粗笨的石刀"。① 只有当个别的、不自觉的打磨石块、刮削树枝的行为逐渐变为比较普遍、比较自觉的行为时，制造出了石刀、石斧、鱼叉、棍棒等，利用"天然工具"的古猿才真正变为制造和使用"人造工具"的人类，其活动才成为真正意义上的人的活动。工具的出现，使人能以它为中介去有效地作用于对象物，克服了自己生理器官的局限性。奥地利学者阿德勒就曾对此做过分析，他认为："人抗御自然的能力很差。为了在这个星球上生存和延续，人就不得不发明种种器具以弥补其身体的不足。试想：孤零零的一个人，没有任何文明提供的工具为帮助，置身于原始林莽之中！他会比任何一种生物都难以生存下去。无论是速度还是体力，人都不如其它动物。人既无食肉动物的利齿，又无敏锐的视听觉，然而这些都是生存竞争不可或缺的。所以人需要多种器具来保护自己的生存。"② 这段话也说明了人制造和使用工具的必要性和重要性。人的活动的总体能力之所以远远超过动物，就在于人能制造和使用工具，把工具作为自己生理器官的延伸和作用客体的中介，从而明显地增强了自己的生理机能，有效地克服了自己生理器官的局限性，极大地提高了自己认识世界和改造世界的能力。

因此，在人的活动中，不仅必然要有活动的两极即活动主体和活动客体，而且必然要有以工具为主的活动中介，例如，在人类的生产活动中，要有劳动者、劳动对象，还要有劳动的中介系统，即以生产工具为主的劳动资料，这是生产活动不可或缺的。马克思也正是从这一意义上强调："劳动资料是劳动者置于自己和劳动对象之间、用来把自己的活动传导到劳动对象上去的物或物的综合体。劳动者利用物的机械的、物理的和化学

---

① 《马克思恩格斯选集》第4卷，人民出版社，1995，第375页。
② 〔美〕亚伯拉罕·马斯洛等：《人的潜能与价值》，林方主编，华夏出版社，1987，第45~46页。

的属性，以便把这些物当作发挥力量的手段，依照自己的目的作用于其他的物。"① 生产活动需要以工具为主的活动中介，其他活动也同样如此。以工具为主的活动中介的出现确实意义重大，夏甄陶先生说得好："只有在制造和使用工具的物质生产活动中，才能建立和发展人对自然界的能动关系，并相应地建立和发展人与人之间的社会关系，从而才能形成和发展全部人类社会生活的物质基础。"②

以工具为主要构成部分的活动中介既来自自然物，又不同于自然物；既是人的生理器官的延伸又区别于人的生理器官。如工具的原材料最终来源于自然界，是创自自然界的天然物品，但它从根本上不同于自然界的天然物品；工具是人的生理器官的延伸，但它也不能与人的生理器官画等号。工具是人根据自己的需要和利用自然物的属性，或改变自然物的形状、形态，或改变自然物的性质等而创造性地加工制作出来的，是人类智慧的结晶，与自然界的天然物品有着根本的区别。人的生理器官是生物遗传、进化的产物，而工具是人的创造性活动的产物，是人的发展、社会的发展、生产的发展、科学技术的发展的结果，它也从根本上区别于人的生理器官。

以工具为主的活动中介具有客观性、有用性、知识物化性、创造性、历史性等特性，这些特性的有机统一也是其能成为活动中介的现实根据。

以工具为主的活动中介作为人的活动系统中相对独立的基本要素，首先必须是客观存在着的东西，具有客观性。正因为它是客观存在着的，主体才能在活动中使用它去现实地作用和改变客体，使客体发生符合人的需要的变化。无论是硬件工具还是软件工具，都具有客观性。从构成上看，任何硬件工具都是由一定的物质材料构成的，其客观性是不言而喻的；软件工具虽然具有精神性，但它要依赖于一定的物质性的、感性的载体作为存在形式，其载体也是客观的。任何工具都是作为主体的人根据自己的需要、对象性活动的需要和使客体发生何种变化的需要制作出来，并在活动中现实使用的手段。因此，无论是从工具的制造上看，还是从工具的使用上看，作为主体的人都要考虑特定的工具对自己有何意义和价值以及如何

---

① 《马克思恩格斯选集》第 2 卷，人民出版社，1995，第 178~179 页。
② 夏甄陶：《人是什么》，商务印书馆，2002，第 308 页。

实现其意义和价值等问题，即考虑工具的有用性问题。可以说，对主体的对象性活动没有任何效用，不能满足主体任何需要的工具，作为主体的人既不会去制造它，也不会去使用它。工具作为人所创造的手段，总是凝结着人类的智慧，是人类知识的物化。作为人的活动中介的工具，都不是自然界现成存在或自然生成的东西，而是作为主体的人创造性改造的结果，都具有创造性。工具不是固定不变的，而是变化发展的，具有历史性。工具主要随着人的发展、社会的发展、生产的发展、科学技术的发展而发展，其发展趋势是种类越来越多，性能越来越好，效能越来越高。这些属性的有机统一，使以工具为主的活动中介成为连接主客体的中间环节，成为主体作用客体的手段。

活动中介是以工具作为主要构成部分的，工具是活动中介的标志物和显示器，而工具的形式也是多种多样的，可以从不同的角度、不同的方面按照不同的原则和标准进行分类。工具的主要作用就是使人的肢体、感觉器官、思维器官得以延伸，放大人的肢体、感觉器官、思维器官的功能。因此从作用上看，迄今为止的人类活动工具主要可分为三类，即体能型的工具、智力型的工具和综合型的工具。这种分类也体现了工具从低级到高级、从简单到复杂的发展过程。

所谓体能型的工具，就是作为人的肢体延长、体能放大的工具。这一类工具在人类历史阶段上出现得最早，可以从原始人打磨的石刀、石斧和刮削的鱼叉、棍棒算起，因为它们是人猿揖别的标志，是人类制造和使用工具的开端。此类工具包括从古代的手工工具到现代的先进机器系统和动力能源系统等，它们的共同特点是延长人的某种或某些肢体，强化人的某一方面的体力，放大人的某一方面的功能，从而作为活动中的要素而传递着主体对客体的作用。如锤子、钳子、机床等就是人手的延伸，放大的是人手的功能；汽车、火车等就是人腿脚的延伸，放大的是人腿脚的功能。所谓智力型的工具，就是作为人的感觉器官和思维器官延伸、智力放大的工具。这一类工具在人类历史上出现得稍晚一些，它们是随着近代自然科学和生产力的快速发展而产生的。从近代的望远镜、显微镜到现代的遥感装置、电子计算机等，都属于此类工具。它们的共同特点是：使人的感觉器官和大脑得以延伸，放大人的感觉器官和大脑的功能，从而突破了人的感觉器官和大脑的自然界限，极大地提高了主体接收和处理信息的能力，使主体能在更为复杂的活动中更有效地作用于客体，如望远镜、显微镜、遥感装置、电子计算机等，就能起到这样的作用。所谓综合型的工具，就是作为人的肢体和感觉器官、思维器官多方面功能综合延伸的工具。这一类工具在人类历史上出现得最晚，它们是20世纪以后，随着当代科学技术的发展特别是计算机科学、微电子技术、自动化技术等等的快速发展而产生的。宇宙探测器、自动控制系统、智能机器人等就属于此类工具，它们既具有体能型工具的特点，又具有智力型工具的特点，即它们既放大了人的肢体的功能，又放大了人的感觉器官和大脑的功能，是人的手、脚、眼、耳、大脑等多功能的综合延伸。

虚拟性活动是当代科技革命的产物，是建立在高科技平台上的新型活动，但是，虚拟性活动也是现实性活动的必然延伸，仍属人的活动范畴，因此其活动中介在特性和形式上较之现实性活动中介仍具有历史继承性。

从特性上看，虚拟性活动中介与现实性活动一样，也具有客观性、有用性、知识物化性、创造性、历史性，这也是其能成为连接主体与客体的中间环节、成为主体作用于客体的手段的基本条件。其一，虚拟性活动中介能将主体的作用传递给客体，它就必须是客观存在着的东西。只有客观存在着的东西，主体才能在活动中使用它去现实地作用和改变客体。事实也是这样，无论是电脑、网络设施设备，还是软件系统，都具有客观性，都是现实的、可感知的。其二，虚拟性活动中介能成为主体作用于客体的手段，本身就是对人有意义、有价值的，其有用性是显而易见的。可以说，如果作为虚拟性活动中介的硬件设施和软件系统对人没有意义、没有价值，虚拟社会也不会出现，虚拟性活动也不会兴起和发展。无论是从网络软硬件的制造上看，还是从软硬件的使用上看，作为主体的人同样都要考虑它们对自己有何意义和价值以及如何实现其意义和价值等问题，即考虑它们的有用性问题。对主体的对象性活动没有任何效用，不能满足主体任何需要的东西，作为主体的人既不会去制造它，也不会去使用它。其三，虚拟性活动中介是在当代科技革命条件下形成的，是计算机技术、信息技术、网络技术、虚拟现实技术发展的产物，凝结着人类的智慧，是人类知识的物化，并且相对于以往的现实性活动中介，其知识物化性体现得更为突出。其四，虚拟性活动中介作为人的新型活动的新的手段和工具系统，都不是自然界现成存在或自然生成的东西，而是作为主体的人创造性改造的结果，是高科技的创造物，具有显著的创造性。其五，虚拟性活动中介也不是固定不变的，而是变化发展的，具有历史性，因为网络科技还在发展，软硬件还在不断地更新换代，其变化发展的趋势是技术越来越先进，结构越来越优化，作用越来越突出。否认虚拟性活动中介与现实性活动中介特性的一致性，就否认了虚拟性活动与现实性活动的内在联系和历史继承性，也否认了人的活动的连续性。当然，肯定虚拟性活动与现实性活动特性的一致性并不意味着它们是完全相同、没有差异的，毕竟虚拟性活动是一种新的活动形态，是建立在高科技基础之上的新型活动，条件不同、平台不同，特性的表现状态也会有所不同，如客观性的物质要素是有差异的，有用性的作用形式是不尽相同的，知识物化性的知识构成是不一样的，创新性的创新平台是有区别的，历史性的变化发展速度、周期是不同的，因此，一致不等于完全相同，一致是包含着差异的一致。

虚拟性活动作为现实性活动的创新，它的活动中介也表现出了一些新的特性，这些新的特性主要是：其一，高度智能性。现实性活动中介作为知识物化和创造性改造的结果，也蕴含着智能的因素，但在当代科技革命发生特别是网络社会出现之前，现实性活动中介普遍没有达到智能化的程度，智能性的特性远不如虚拟性活动中介明显。建立在计算机技术、信息技术、网络技术、虚拟现实技术基础上的虚拟性活动中介，已经是高度智能化的活动中介，人工智能的特性表现得尤为突出，如依靠软件程序，只要我们输入一个简单的指令，以后的工作就会按照事先编写的语言或命令程序自动完成，无须再动脑、动手，全是自动化的。高度智能化是虚拟性活动中介区别于并优越于现实性活动中介的重要特征。这种高度的智能化，增强了虚拟性活动主体接收和处理各种信息的能力，提高了驾驭和控制复杂活动的本领，使虚拟性活动呈现出了智能化、自动化、信息化的特点。其二，高度数字性。在现实性活动中，活动中介也可以用数字来标示，如1号机床、2号机床等，但这不属于真正意义上的数字化，也不能按照程序自动进行数字化的处理。而在虚拟性活动中，活动主体能将所有信息内容简化为一连串的"0"和"1"，按照计算机能识别的程序编排起来进行有效的处理,这样,有关事物的文字、图像等信息均变成了数字的形式,使信息的处理既程序化、自动化,又方便快捷,极大地提高了活动效率。从一定意义上讲,虚拟性也就是数字性,正如陈志良先生在《虚拟:人类中介系统的革命》一文中所说:"虚拟之所以叫虚拟,是因为在形式上虚拟构成了这一事物,它对于我们来说是一种感性的真实的存在,但实质上这一事物不是原本的事物,而是一种数字化方式的存在;或者,我们通过数码关系替代这一关系,通过启动数码关系而使实际关系按人的目的运转起来,从而使人具有了一个普遍化的数字中介系统,它使人的劳动方式、生存方式等具有普遍的数字化意蕴。虚拟是符号化或数字化的虚拟,是通过'0'和'1'来表达和构成事物的总称。"[①] 其三,高度开放性。虚拟性活动中介的开放性是相当强的,这种开放性是其不断地吸收新的科技成果,从而不断地充实自己、优化自己的自我完善性。如计算机刚问世时,我们只能通过键盘输入文字口令来单一地处理虚拟世界里的信息,而随着计算机技术、信息技术、网络技术、虚拟现实技术等的进一步创新,现在我们不仅可以通过键盘输入文字口令来处理虚拟世界里的信息,而且可以通过触摸感应或声音控制来从事网络活动,操作方式更加先进,更加多样化。正是由于计算机的输入输出设备、运算储存设备、系统程序等在不断地融入新的科技成果,我们的操作才更加便捷,只要输入一个简单的指令,就能完成非常复杂的处理工作。也正是因为虚拟性活动中介具有这种广泛、迅速吸纳新的科学技术成果的开放性,它成为迄今为止人类活动中发展速度最快、科技含量最高的中介系统。虚拟性活动中介所具有的高度智能性、数字性、开放性这些新的特性,也进一步证明了虚拟性活动是人类活动的崭新形态,是现实性活动的创新发展。

从形式上看,虚拟性活动中介吸纳了现实性活动的体能型、智力型、综合型中介的功能,特别是综合性工具的作用更为突出,它既延伸了人的肢体,又延伸了人的感觉器官和思维器官,极大地强化了人的生理机能,极大地提高了人认识世界和改造世界的能力,使人类活动迈上了新的台阶,也开创了人类历史的新纪元。

---

① 陈志良:《虚拟:人类中介系统的革命》,《中国人民大学学报》2000年第4期。

第三章 人的虚拟性活动的基本形式

唯物辩证法认为，任何事物都是既有一定的内容，又有一定形式的事物。内容是构成事物的一切内在要素，形式则是把内容诸要素统一起来的结构和表现内容的方式。人的活动也是内容和形式的统一体，内容就是活动主体、活动客体、活动中介等基本要素，也是前面所说的人的活动系统的构成要素，而形式则是如何把这些要素组织起来实现要素综合作用的方式。虚拟性活动同样如此，既有特定的内容，又有特定的形式，这是我们研究虚拟性活动必须予以关注的问题。上一章已对虚拟性活动主体、客体、中介等基本构成要素进行了分析，接下来就需要探讨虚拟性活动的基本形式。人的活动体现着人与外部世界的关系，而人与外部世界的基本关系就是认识关系和实践关系，决定着人的活动的基本形式就是认识活动和实践活动。虚拟性活动作为人的活动的延伸和创新，其基本形式也是认识和实践这两种活动。因此，要想全面深刻地认识虚拟性活动，也必须在认真考察何为人的活动形式的基础上，具体分析虚拟性认识活动和虚拟性实践活动。

一 人的活动形式

所谓形式，通常是指事物的形状、结构等，它是事物内在要素相互联系、矛盾运动的表现形态。这样的表述告诉我们：其一，形式与事物相关，任何形式总是特定事物的形式，没有脱离特定事物的形式。脱离特定事物的形式是没有现实基础和根据的"虚无"，只能存在于虚幻的世界中。其二，形式与事物的内在要素相关，它是把事物内在要素组织起来、统一起来的结构。结构总是构成要素的结构,离开了事物的内在要素,就无所谓组织、统一的结构,现实世界也不存在没有任何内容的空洞形式。其三,形式与事物的外在表现相关,任何形式总是特定事物内在要素相互联系、矛盾运动的表现形态,既与内容密切相关,又是外在表现。也正因为形式是事物的外在表现形态,才能为人们所感知、所认识,从而透过形式把握内容,形成对事物内在要素的相互联系、矛盾运动的认知。就方法论视角讲,从一般意义上弄清何为形式,有助于我们从哲学意义上理解何为人的活动形式。

从哲学发展史看,古希腊时期的哲学家亚里士多德最早把"形式"引入了哲学话语体系。他认为,任何事物都必须具有四种原因才能成立,即质料因、形式因、动力因和目的因。比如建造一座房子,首先要有构成它的砖、瓦、木料等材料,这是质料因;但质料是消极的、不定形的东西,仅仅具有成为房子的可能性,因此,还要有房子的形式结构,即形式因;形式因是积极的、能动的,有了它,砖、瓦、木料等材料才能转化为房子;同时,还需要有建成房子的推动者即建造者,这是动力因;并且,尚需建造房子所要追求的目的,即目的因。在他看来,形式实质上也体现着动力和目的,能动的形式既是质料由可能性转化为现实性的推动者,也是质料在这一转化过程中所要追求的东西,因此它既是动力因,又是目的因。这样,所谓"四因"便只剩下了"两因",即质料因和形式因。在此,亚里士多德是从哲学层面探讨了事物内容与形式的关系问题,强调了内容与形式的不可分离性及形式之于事物存在的重要性,应该具有辩证性、合理性。德国古典哲学的代表人物黑格尔也专门分析过内容与形式的关系,他认为,形式是本质的,本质是有形式的;凡是经验中的质料都是质料和形式的统一,内容不是没有形式的,形式也不是没有内容的;内容既具有形式于自身内,同时形式又是一种外在于内容的东西。黑格尔的这一认识确实是辩证的,也是较为深刻的。

马克思主义哲学作为时代精神之精华,在批判继承前人思想的基础上,也把内容与形式视为自己辩证法的重要范畴,在"普遍联系"和"变化发展"的逻辑基点上,分析了二者的辩证关系,强调了客观事物的现实存在都是内容和形式的统一体,内容是事物要素的内在联系,形式是事物要素内在联系的外在表现，内容决定形式，形式影响内容，它们相互依存、相互作用、不可分离。这一唯物辩证的思想，对我们分析人的活动形式，具有重要的、方法论的指导意义。

基于上述思想认识，我们认为，既然人的活动是活动主体、活动客体、活动工具等内在的基本要素相互联结、相互作用的矛盾运动过程，那么，人的活动形式就是指构成活动的这些基本要素的组织结构和矛盾运动的表现形态。简言之，人的活动形式就是人的活动构成要素的外在表现方式。从根本上说，人的活动形式体现着活动基本要素的对立统一关系，也体现着人与外部世界的基本关系。为此，我们应该从以下几个方面去理解人的活动形式的本质。

第一，人的活动形式体现着活动基本要素的相互区别。在人的现实的活动形式中，活动主体、活动客体、活动工具是三个性质不同的基本要素，哲学规定性不同，基本属性有差异，存在形式也有区别。活动主体是在特定的活动中作用于活动客体的现实的人，是活动者，是人的行为的发出者。活动主体的基本属性是自然性、社会性和意识性，是这三者的有机统一，这也是人能成为活动主体的现实根据。活动主体的主要存在形式是个人主体、集团主体和社会主体，这三种主体形式也反映了人自身以何种方式从事活动的状态。活动客体是活动主体在特定的活动中所作用的事物，是活动的对象，是人的行为的承受者；活动客体的基本属性是对象性、价值性、客观性和发展性。这几种属性是有机统一的，它们也是事物能成为活动客体的现实根据。活动客体的主要存在形式是自然形式的客体、社会形式的客体和精神形式的客体，这与人类产生后世界分为自然、社会和人类思维三大界直接相关。活动工具是活动主体所制造并用来作用于活动客体的手段，是活动的中介，是连接活动主体与活动客体的中间环节。活动工具的基本属性是客观性、有用性、知识物化性、创造性、历史性。这些属性有机统一，它们也是工具能成为活动中介的现实根据。活动工具的主要类型是体能型工具、智力型工具和综合型工具。这三种工具的排列顺序也反映了人的活动工具从低级到高级、从简单到复杂的发展过程。活动主体、活动客体、活动工具的区别性体现了三者的对立性，也表明了它们是人的活动形式中的三个具有不同的质并相对独立的基本要素。

　　第二，人的活动形式体现着活动基本要素的相互依存。活动主体、活动客体、活动工具是有不同的质，但三者绝不是互不相关、孤立存在的。独立只是相对的，它们在活动形式中相互依存。这种相互依存也通过相互规定、相互生成表现出来。活动主体与活动客体作为活动的两极，始终是相互关联、相互规定的。活动主体只有通过特定的活动形式与活动客体建立了特定的对象性关系，成为活动的作用者，才能获得活动主体的规定性，才是现实的活动主体；反之，活动客体也只有在特定的活动形式中与活动主体建立了特定的对象性关系，成为活动作用的对象，才具有活动客体的规定性，才是现实的客体。从这一意义上说，没有活动主体就没有活动客体，没有活动客体也没有活动主体。活动工具与活动主体、活动客体也是相互关联、相互规定的。因为活动工具是连接活动主体与活动客体的中介，正是在特定的活动形式中，活动主体与活动客体通过活动工具发生现实的对象性的关系，并且作为人的活动也是以制造和使用活动工具作为开端，作为特征的。很显然，没有以一定活动工具为中介的活动就不是现实的人的活动，也无所谓活动主体和活动客体。反之，现实的人的活动一定是活动主体凭借活动工具去作用于活动客体的活动。这种相互规定也表明，活动主体、活动客体、活动工具是相互生成的。因为在特定的活动形式中，对象性关系的形成过程既是活动主体把活动客体纳入活动领域而产生活动客体的过程，也是活动客体进入活动领域而产生活动主体的过程；既是活动工具作为中介连接活动两极而产生活动主体和活动客体的过程，也是活动主体和活动客体通过活动工具连接起来而产生活动中介的过程。离开了现实的活动形式，就不会有现实的活动主体、活动客体和活动工具，也不会有现实的人的活动。这种相互依存的关系是三者统一性的重要体现。

　　第三，人的活动形式体现着活动基本要素的相互作用。在人的活动形式中，活动主体、活动客体、活动工具之所以能相互作用，是以三者各自具有不同的作用作为前提的。只有具有不同的作用，它们才能构成相互的作用。作用与地位往往是连在一起的。在人的现实活动中，活动主体始终居支配地位，起主导性的作用，而活动客体、活动工具则不同，它们只能居从属地位，不能起主导作用。在任何形式的活动中，活动主体都是活动的主导者，是以满足自身需要为目的而主动从事活动的行为发出者，其作用主要是：作为活动的主导者，有意识、有目的地发起活动，把各种要素组织起来投入活动中去，自觉地制造和使用活动工具去作用于活动客体，使活动客体发生形状、结构或性质的变化，满足人的需要，实现活动的目的。活动客体始终是活动主体所作用的对象，是活动主体行为的承受者，其作用主要是：作为活动主体的活动所指向的对象，通过承受活动主体有目的地凭借活动工具所实施的作用，使自身发生有效的变化来适应人的需要和活动目的。活动工具则始终是活动主体用来作用于活动客体的手段，它是从属于活动主体的，是活动主体器官的延伸，其作用主要是：作为活动主体用来作用于活动客体的中介，一方面把活动主体的作用现实地传递给活动客体，另一方面又克服活动客体的反作用，使活动客体发生符合人的需要和活动目的的变化。正是由于三者具有不同的作用，它们能基于自己特定的作用而形成相互之间的作用。它们的相互作用既表现为相互制约，又表现为相互促进。就三者的相互作用而言，活动主体对活动客体、活动工具的制约作用是能动的、更为根本的，因为活动主体是有意识、有目的的活动者，他能根据自己的需要、能力和素质去自觉选择一定的对象物作为活动的客体，自觉地制造一定的活动工具作为活动的手段，从而有目的地运用一定的活动工具去作用于一定的活动客体，使之发生符合人的需要的变化。但是活动客体、活动工具的制约作用也不可忽视。作为活动客体来说，它"走着自己的路"，有着自己固有的结构、属性、本质和发展规律，因此，活动主体在使用活动工具作用于活动客体时，其作用不是主观随意的，而要受到活动客体固有的结构、属性、本质和发展规律的制约。活动主体只有在认识和掌握了活动客体固有的结构、属性、本质和发展规律的基础上，才能凭借适当的活动工具和选择适当的方式去有效地作用于活动客体，使之发生有利于人的需要的变化。作为活动工具来说，它是连接活动主体与活动客体的中介，它的性能和效用既能影响主体作用力的发挥，又能影响活动客体的有效变化，对活动两极都有制约作用。并且，在人的活动的发展过程中，活动主体、活动客体、活动工具还是相互促进、共同发展的。一般说来，活动主体需要的发展和能力、素质的提高，必然会扩大活动客体的范围，提高活动客体的利用率，不断改进和更新活动工具，从而促进活动客体和活动工具的发展。而活动客体领域的扩大和层次的深入又反过来对活动主体和活动工具提出更高的要求，这也会促进活动主体能力和素质的提高，促进活动工具的改进和更新。而活动工具的改进和更新又能更好地延伸活动主体的器官，强化活动主体的机能，使活动主体能在更广的范围内和更深的层次上作用活动客体，从而既促进了活动主体的发展，又促进了活动客体的发展。这种相互作用的关系，同样是三者统一性的重要表现。

第四，人的活动形式体现着人与外部世界的基本关系。这种关系从根本上反映了人为什么要采取一定的形式从事活动的深层原因和最终目的，也决定了人必须并且必然要采用什么形式去进行活动。人的活动是属人的活动，也是为人的活动。属人体现着人的活动的根本性质，为人体现着人的活动的最终目的。属人的活动一定是人为了自身而自觉从事的特有活动，为人的活动一定是既以人为出发点，又以人为归宿点的活动，人的活动的属人性与为人性是相互证明、内在统一的。人从事自己特有的活动不是为了人之外的存在物，而是为了人自身，是为了满足自己生存和发展的需要。换言之，满足自己生存和发展的需要是人活动的目的，从事活动是手段，即人的一切活动最终都是为了满足自己生存和发展的需要。人从事活动与自己的需要直接相关，采取什么形式从事活动也同样与自己的需要直接相关。我们知道，需要意味着匮乏，人需要什么就表明人还缺乏什么，而需要的东西并不存在于人自身，总是存在于人之外的外部世界，因此，人的需要也内在地包含着人与外部世界的关系。事实也是如此，人的需要总是人生存和发展的需要，人无论是为维持自己的生存还是为促进自己的发展，都离不开外部世界，都必须依赖外部世界，对外部世界的依赖是人生存和发展的永恒前提。然而，由于人的需要突破了直接肉体生命的限制和摆脱了纯粹物欲的制约，构成了一个既有社会物质生活需要，又有社会精神生活需要的复杂多样、日益丰富和无限发展的动态开放系统，外部世界不会也不可能以现成的状态来自动满足人的需要，这样，人要求外部世界来满足自己的需要，而外部世界永远不可能以现成状态自动满足人的需要的矛盾产生了。人从事活动就是为了解决人与外部世界这种"应有"与"现有"的矛盾,具体、现实地使外部世界的事物从"现有"的自在状态变为符合人的需要的"应有"状态。正是基于此,人不仅把自己需要所指向的外部世界的特定事物纳入自己的活动范围中,使这些事物从可能的活动客体变为了现实的客体,而且必须发挥两个方面的作用。构成人的活动的两种基本形式——实践活动和认识活动,这两种形式的活动体现了人与外部世界的两种基本关系,即实践关系和认识关系。确实,人要想获得那些自己需要而外部世界又不现成存在的东西,就必须把自己作为一种自觉的物质力量运动起来,通过现实感性的活动去改造外部世界的事物,使外界物按照人的需要对象化,使"自在之物"变为"为我之物"。然而,人要想按照自己的需要有效地改造外部世界的事物就必须正确地认识它们。因为人所需要的对象都有其特殊的存在形式、本质和规律,而且这些对象又总是多种属性的统一体,具有在不同的方面满足人的不同需要的可能性。这样,人要想有效地改造这些对象就必须正确地认识这些对象,以理性的方式观念地反映和把握它们的存在形式、本质和规律;同时,人还必须认识自己的需要,了解需要对象能从哪些方面满足自己的何种需要以及满足的程度,在此基础上形成符合自己需要的对象物的观念模型,并通过感性的实践活动使之从观念变为现实。并且,实践活动与认识活动这两种基本形式也是相互联系、相互作用的,人要想在实践中现实有效地改造外界物,就必须在观念中正确地反映和改造外界物;而要想在观念中正确地反映和改造外界物,又必须依赖现实改造外界物的实践,必须以实践作为基础,并最终通过实践使观念的东西变为现实的东西。因此,人的活动形式也必然是实践活动与认识活动的有机统一。可见,人的活动形式就是人满足自己生存和发展需要的行为方式,也是解决人与外部世界现实矛盾关系的方式,而实践活动和认识活动正是适应人与外部世界的基本关系所形成的两种主要活动形式,是解决二者矛盾的主要手段,二者相互联系、不可分离。

人的活动形式作为人类特有的行为方式,总是具有自己特征的形式,无论是实践活动还是认识活动都是如此。概括起来,人的活动形式所具有的相互联系、有机统一的特征如下。

1. 客观现实性

人的活动形式，无论是实践活动还是认识活动，都是具有客观现实性的活动形式。其构成要素、展开过程和活动结果都体现了这一点。从构成要素上看，作为认识、实践主体的人是客观现实的自然存在物、社会存在物和有意识的存在物的现实具体的统一体，是客观现实的人。也只有客观现实的人才能成为认识、实践活动的主体。作为认识、实践对象的事物也是客观现实的存在物，不可能是虚无缥缈的东西，虚无缥缈的东西也不可能成为反映和改造的对象。认识、实践的工具也是客观现实的手段和中介，正因为认识、实践工具是客观现实的，认识、实践主体才能凭借它们去作用认识、实践的对象。从展开过程上看，认识、实践的展开过程一定是认识、实践主体运用认识、实践工具客观现实地作用于认识、实践对象的过程，是认识、实践的基本要素相互联系、相互作用的动态过程。从活动结果上看，无论是形成了观念形态的认识、理想模型，还是创造出了现实感性的人化物，都是具有客观现实根源或客观现实性的活动产物和活动成果。只有客观现实的活动形式，才是具有客观现实的作用和意义的形式，也才是客观现实的人所必然采取的形式。

2. 自觉能动性

人的活动形式，无论是认识活动，还是实践活动，都是具有自觉能动性的活动方式，既有明确的目的性，又有显著的创造性。人在从事认识活动时，必须在自觉意识自己需要的基础上，对需要认识什么、怎样认识、通过认识最终要从观念上把握什么、建构什么有一预先的设想；人在从事实践活动时，也要基于自己特定的需要，对需要改造什么、怎样改造、通过改造使外部世界发生什么变化有一预先的设想。也就是说，人在认识和实践之前，都必须自觉地预先设定活动的目的，使自己的活动服从于这样的目的，并通过自己的目的活动来实现这样的目的。认识和实践还有显著的创造性。人要想获得自身需要而外部世界不现成存在的东西，就必须按照自己的需要，在正确认识和反映外部世界现有事物的存在形式、本质和规律的基础上，创造性地建构起超越既定环境、符合人的需要而外部世界所没有的对象的观念模型，并通过现实感性的创造性改造使之变为现实，创造出一个有别于原始自然界的、符合人的需要的"人的世界"来。只有自觉能动的活动形式，才是属人的活动形式，也才是为人的活动形式。

3. 社会历史性

人的活动形式，无论是认识活动还是实践活动，都是具有社会历史性的活动方式，都要受到社会关系和历史条件的制约。认识活动和实践活动，都不是孤立的个人的生物性行为，而是社会性的活动，是在一定的社会关系中进行的活动，不能离开与他人、与社会的联系。绝对孤立的个人认识、实践活动是不可能存在的。认识活动和实践活动也都要受到历史条件的制约，没有脱离具体历史条件的认识活动和实践活动。这里所说的历史条件应包括生产力的状况、生产方式的状况、社会关系的状况、社会生活的状况、科学技术的状况等。历史条件变化了，认识活动和实践活动也必然要随之发生变化，这也是不以人的意志为转移的必然趋势。只有社会历史的活动形式，才是人特有的活动形式，也才是现实具体的活动形式。

二 虚拟性认识活动

我们知道，人的认识活动是认识主体基于自己特定的需要而在实践的基础上通过认识工具等中介创造性地反映认识客体的观念活动，而发生于虚拟社会条件下的人的虚拟性认识又是什么呢？其本质、特征、类型与现实性的认识活动相比较又体现了什么样的变化呢？对这些问题的追问，既是我们在虚拟社会这一新的历史条件下坚持和发展马克思主义哲学的需要，也是从实践层面应对虚拟化生存、虚拟社会发展挑战的必然要求。接下来，我们将对虚拟认识活动的本质、特征和类型等内容逐一探讨。

立足马克思主义哲学的话语体系，从研究的角度出发，我们将人的虚拟性认识活动界定为：人的虚拟性认识活动是认识主体基于自己特定的需要，在非主观非现实的空间场域中运用数字化、符号化的中介创造性地反映虚拟认识客体的观念活动。之所以如此界定人的虚拟性认识活动，主要基于以下几个方面的理由。一是说明虚拟性认识活动仍然属于人的有目的的活动，是认识主体为了自己生存和发展的需要形成活动目的而从事的活动形式，也是人在新的虚拟性环境场域中的动态存在方式，从而将人的虚拟性认识活动与动物在自然界中的本能活动、软件程序在计算机平台上自动运行的活动区别开来。二是说明虽然虚拟性认识活动也必须以认识工具作为认识的中介，但其认识中介演变成了基于现代科技而形成的数字化、符号化的中介，是一种新型的、高科技的认识工具，从而通过认识中介的差异将人的虚拟性认识活动与现实性认识活动区分开来，进而体现了这种数字化、符号化认识中介在人的认识活动发展过程中的创新性。三是说明虚拟性认识活动是认识主体作用于认识客体的活动，认识主体、认识客体是虚拟性认识活动的两极，二者在虚拟性认识活动中相互关联、相互规定，从而否定了部分研究者对虚拟性认识活动提出的"去主体说""智能说""自动说"，进而强调了人在虚拟性认识活动过程中的主体性、主导性。四是说明虚拟性认识活动虽然表现为观念性活动，但主体作用于客体的空间场域和主客体相互作用的行为处于非主观非现实的虚拟社会中，既不是处于物理性的客观现实社会中，也不是处于抽象主观的意识观念中。五是说明虚拟性认识活动是以认识客体为主要任务而形成的观念性活动，其反映的对象是客体，又不仅仅局限于观念地再现客体本身，而是认识主体运用新型的数字化、符号化的认识中介工具创造性地反映认识客体的过程，是将反映与创造统一于一体的思维活动，从而使人的虚拟性认识活动与虚拟性实践活动区分开来。

通过以上的分析我们发现，从本质上看，人的虚拟性认识活动仍然属于人的认识活动范畴，但它又超越了传统的其他形式的认识活动，是人的认识能力提高与当代科学技术发展相互结合而形成的产物，是活动主体在非封闭、非聚集、非确定、非独占的虚拟社会中认识客观存在、探知可能性和不可能性的基本方式，是人在新的环境场域中实现虚拟化生存、信息化发展的重要途径。随着信息网络技术、计算机技术、虚拟现实技术、物联网技术以及大数据、云计算等的进一步发展，虚拟性认识活动的发展将会越来越迅速、越来越普及，并且在人的活动中扮演着越来越重要的角色，在人实现全面发展的道路上发挥着越来越重要的作用。

既然虚拟性认识活动仍属人的认识活动范畴，因而必然具有与现实性认识活动相同的共性，但它作为人的一种新的认识活动形态，又必然具有自己独特的个性即特性，从而说明了虚拟性认识活动较之现实性认识活动既有继承性，又有创新性。继承体现了它们的内在联系，创新体现了它们的重要区别。这种继承与创新的有机统一也表明了人的认识的发展、认识形态的变化是连续性与非连续性的有机统一。

从共性上看，虚拟性认识活动与现实性认识活动一样，都是观念性的活动，都是创造性的反映，这是一致的，差异只在于虚拟性认识活动的创造性反映的性质表现得更为突出，这也表明这种一致是相对的，包含着差异的一致。按照辩证唯物主义的基本观点，认识活动在本质上是主观能动反映客观的活动，认识活动的过程就是主体以观念的方式创造性地反映客体的过程，"反映"体现了认识活动"唯物"的本性，"创造"体现了认识活动"辩证"的本性，因此，创造性反映是人的认识活动的基本规定性，也是认识活动区别于实践活动的重要特性。而发生于虚拟社会中的认识活动，同样是主体创造性地反映客体的观念活动过程，也具有创造性反映的本性。没有了这样的本性，就算不上是人的认识活动了。但在虚拟化的条件下，认识主体能更好地将这种反映与创造有机地统一于具体的虚拟性认识活动过程中，即认识主体能充分利用智能化的认识中介，在观念地反映和理性地把握客体的基础上，更好地发挥主观能动性，创造性地对客体进行加工、改造、重构，以创造出既不同于虚拟性认识对象，又依赖于虚拟性认识对象的观念性"新产品"，以满足自身虚拟化的生存与发展需要。特别是在基于虚拟现实技术而形成的虚拟环境中，高科技的虚拟性认识工具能有效地缩短主客体之间的物理性距离，使认识的过程与反映的观念交替呈现、即时互换，全方位、立体型地展现客体的存在形式、属性和特征等，为主体的创造性反映提供更为全面、更为深刻的"素材"，使反映与创造更好地融为一体，提高认识的活动效率。可以说，虚拟性认识活动的过程是在高科技的平台上更好地实现反映性与创造性有机统一的过程，只有这样的认识活动，才是真正意义上的虚拟性认识活动。因此，从根本上讲，人的虚拟性认识活动是主体运用高度智能化工具创造性地作用于客体的思维活动，这种认识工具的先进性也带来了认识活动的先进性，使创造性反映的本性表现得更为突出，从而也充分体现了当代科技革命的发展对人的认识活动发展的巨大推动作用。

虚拟性认识作为一种新的认识活动形态，作为认识活动在新的历史条件下的创新，又必然具有不同于现实性认识活动的新的个性即特性。概括起来，其新的特性主要如下。

第一，观念反映的人机结合性。在现实性的认识活动中，从事观念反映的主体只能是现实的人，是人通过各种感觉器官先感知事物的现象和外部联系，进而通过人脑对这些现象和外部联系进行理性的整理、加工和思维的改造，从而透过事物的现象和外部联系把握事物的本质和内部联系，获得规律性的认识，实现从感性认识到理性认识的飞跃。这一飞跃是在人脑中进行的，反映的结果也以观念的形式存在于人的头脑之中。而在虚拟世界里，虽然人同样是虚拟性认识的主体，但仅有人还形不成虚拟性的认识活动，只有人机结合才能真正从事虚拟性认识活动，或者说，只有现实的人与计算机、网络系统及各种程序结合起来，才能在网络空间中实施对事物的观念反映，才能观念地把握事物，完成虚拟状态下从感性认识到理性认识的转化，并且反映的结果既以观念的形式存在于人的头脑之中，也以信息的形式存在于电脑之中。虚拟性认识活动的这种观念反映的人机结合，既延伸了人的感觉器官和思维器官，提高了人的认识能力，又体现了当代科技革命条件下人的认识活动的创新发展，凸显了先进的科学技术对增强人的本质力量的强大作用。

第二，观念创造的虚实交融性。在现实性的认识活动中，作为活动主体的人总是根据自己现实性的生存和发展需要，将活动指向在现实世界中现实存在的事物，在对这些事物的存在形式、属性、本质等进行反映的基础上，加以思维的改造、重组，创造性地形成具有现实可能性的理想型的事物的观念模型，为通过现实的改造活动使之成为能满足人的现实性的生存发展需要的实实在在的"为我之物"奠定认识基础。现实性认识活动展开的场域是现实性的物理世界，反映的是现实的物理世界中的现实存在的事物，创造的是具有现实可能性的事物的观念模型。只有这样，才能实现认识的目的，完成指导实践实施现实改造以满足人的现实需要的任务。在虚拟状态下进行的虚拟性认识活动，也是基于人的现实性的生存和发展需要。换言之，为了自己生存和发展的需要而从事认识活动的目的是不变的，因为包括虚拟性认识在内的虚拟性活动归根到底都是属人、为人的活动，属人是特征，为人是归宿。但是，虚拟性认识活动的场域已从现实性的物理世界拓展到了虚拟性的网络世界，反映的既有现实性物理世界存在的事物，又有虚拟性网络世界存在的事物，创造的既有具有现实可能性的事物的观念模型，也有具有虚拟可能性的事物的观念模型，甚至还有过去不可能的事物的观念模型和将来才具有可能性的事物的观念模型。凭借虚拟现实等技术手段，这些观念模型变成了能满足人虚实交融的、多样性生存和发展需要的理想存在物。在不断进步的网络世界里，这种状态已不再是空想，而是变成了具有现实性的现实。可以看出，虚拟性认识活动观念创造的场域是虚实交融的，对象是虚实交融的，结果是虚实交融的，需要的满足也是虚实交融的。虚拟性认识活动的这种观念创造的虚实交融性，表明在当代科技革命的推动下，人生存和发展的空间有了极大的拓展，生存和发展的环境有了极大的优化。

第三，观念作用的高效即时性。我们将人的虚拟性认识界定为认识主体基于自己特定的需要，在非主观非现实的空间场域中运用数字化、符号化的中介创造性地反映虚拟认识客体的观念活动，实质上也承认了认识主体与认识客体之间的相互作用性，而这种相互作用性与现实性认识活动相比较，体现了高效即时的特征。也就是说，在虚拟性认识活动过程中，主客体之间的相互作用，在时间上是同步的，或在极短的时间内即可完成的。虚拟世界中常用的"链接"方式在解构地缘、人缘交互的同时，也缩短了主客体之间的距离和重构了"人机结合"的认知模式，即使是在认知主体"缺场"的情况下，也能依赖虚拟现实认识技术即时完成主客体间的交互过程。虚拟性认识活动的主体与客体的"互动"发生于虚拟社会中，虚拟性认识活动主体可以根据自己的意愿或需求，及时主动地选取更适合于自己的认识对象，快捷地明确指向对象。并且，虚拟性认识活动中所使用的活动工具与传统的活动工具相比，具有高度信息化、智能化和自动化的特点，一方面提高了认识主体对认识客体的反映速度和反映效果，另一方面又能帮助认识主体实现高效的、即时的观念创造。可以说，建立在高科技基础上的虚拟性认识活动，既节省了认识主体创造性地反映客体和建构观念模型的时间，大大地提高了人的认识活动的效率，又缩短了主客体间的地域空间距离，大大地降低了人的认识活动的成本。

虚拟性认识活动作为人类认识活动的新形态，具有自己新的特性，也有自己新的类型。我们认为，从反映的内容上看，虚拟性认识活动可以分为再现型虚拟性认识活动、现存型虚拟性认识活动和理想型虚拟性认识活动。这三种基本类型的虚拟性认识活动体现了人们在虚拟世界里对过去存在的事物、现在存在的事物和将来存在的事物的能动反映，也体现了虚拟性认识活动基于高科技平台的超越性和创新性。

1. 再现型虚拟性认识活动

这种认识活动是对过去存在而现在已经消失了的事物的观念反映和观念创造，从而突破了物理时空的限制，改变了物理时间的不可逆转性和物理空间的不可移动性，形成了虚拟性的、立体型的回溯历史的观念，实现了物理时空的穿越，为人们更好地理解历史及历史与现实的联系提供了科学的认识基础。在现实性认识活动中，人们也能在思维中再现过去存在而现在已经消失了的事物，但是，这样的思维再现或者是以推测的方式观念地存在于人脑之中，或者是以图像、文字等平面的方式表现出来，缺乏立体性和动态感。而建立在高科技平台上的虚拟性认识活动则不一样，如今天的人们可以基于考古发现的相关资料和实物，运用虚拟现实技术等，在网络世界里生动地、形象地再现从猿到人转化过程中的自然环境、生活场景和进化状态，再现人类不同历史时期的社会条件、生活状况和社会联系等，为我们全面深刻地理解人类的发展史、社会的进步史提供了科学的认识依据。这样的认识既立足于历史事实的真实性，又突破了历史事实不可形象动态再现的局限性，凭借先进的科技手段，以观念的形式创造出了存在于过去而现在已不复存在的事物，使虚拟世界出现之前在认识领域里表现为不可能的东西变为了现实的可能，体现了虚拟性认识活动的超越时空性和更为突出的观念反映性、观念创造性，使人的认识活动能从现实世界推进到虚拟世界，极大地拓展了认识的领域。

2. 现存型虚拟性认识活动

这种认识活动是对现在存在的事物的观念反映和观念创造。现存型虚拟性认识活动与现实性认识活动相同之处是，它们都能观念地认知和把握现存事物，实现从感性认识到理性认识的飞跃，体现着人们对现实的理性关注。它们的不同之处则在于，现实性认识活动是在主体与客体近距离接触的过程中发生的，只有这样，人才能通过感觉器官感知现实存在的事物，形成关于事物的感性认识，再通过人脑进行思维的加工、整理、重组，将其上升到理性阶段；而现存型虚拟性认识活动则可以突破物理空间的距离，即时实现对现存事物从感性到理性的把握，如人们现在已可以利用3D全息技术呈现"数字敦煌"，在网络世界里立体型、全方位、动态性地展现莫高窟的地理位置、历史沿革、塑像壁画、经卷文书、织绣画像、艺术特色等，使人们可以在远离敦煌但网络能及的地方即时实现对莫高窟的形象感知和理性把握，全面深刻地认识莫高窟精湛高超的艺术珍品和丰富深厚的文化内涵。这样的认识克服了现实性认识活动的时空制约性和人的活动范围的局限性，人们通过人机结合、虚实交融的方式方便快捷地认识了现存的事物，提高了认识的效果和效率，展现了高科技的智能性和创新性。

3. 理想型虚拟性认识活动

这种认识活动是对将来才会出现的事物的观念反映和观念创造，体现了突出的超前性。通过虚拟性认识活动，人们能构建现实存在着的事物的观念模型，也能构建过去曾经存在但现在已不存在了的事物的观念模型，还能构建只有将来才有可能出现的事物的观念模型，既立足现实又超越现实。众所周知，人的虚拟性活动是依赖于高科技而发展起来的活动形式，其中人们用来认识、反映事物的中介是凝聚了人类当代智慧而形成的先进的智能化工具。这样的中介使人们能够将虽然现在尚未出现但在将来可以出现的事物完整地、逼真地展示在虚拟环境中，使人们对未来存在的事物有了超前的认知，凸显了虚拟性认识的理想性特点。尤其是云计算、大数据等技术和平台的运用，可以使人们基于在以往的认识过程中形成的海量数据构建超越现实的、更为直观逼真的模拟场景，并通过相应的虚拟现实技术为人的理性把握和科学反映提供一个更为生动、更为全面的动态存在物，形成关于未来事物的理想观念模型。如在网络世界里，人们可以根据目前宇宙探测的数据，虚拟太阳系其他天体适宜人类生活的地理环境、生存条件等，形成关于这些天体对人类生存发展价值的理论构想，为人类走出地球的生活提供认识依据。因此，理想型虚拟性认识活动在网络世界里会越来越多地呈现出来，充分发挥其展示人类和人类社会未来发展前景的重要作用，从而更好地体现了人的认识活动的前瞻性和超越性。

应该看到，正是有了建立在高科技基础上的虚拟社会，有了这三种类型的虚拟性认识活动，人类对世界的创造性认识实现了过去、现在和未来的有机统一，认识的时间既向前持续又向后逆转，认识的空间既保持稳定又发生转换，标志着人类的认识活动迈上了新的台阶、进入了新的发展阶段。

三 虚拟性实践活动

从历史唯物主义的视角看，实践是实践主体为了自己生存和发展的需要而使用实践工具能动地改造实践客体的社会性的客观行为。实践是社会的人存在发展的现实基础，是我们把握人和社会的本质、特征，理解人与外界怎样实现物质、能量和信息相互交换的重要方式。在网络世界中，虚拟性实践活动同样是虚拟社会的人存在发展的现实基础，体现着人的本质、特征，是人的重要活动方式，也是虚拟社会的人存在发展的现实基础。虚拟性实践活动也应该是我们探究人的虚拟本质、解释虚拟社会发展现象的重要方式。因此，我们要深入研究人的虚拟性活动、解释人的虚拟化生存发展，就离不开对人的虚拟性实践活动的考察。

讨论人的虚拟性实践活动，绕不开对其规定性的界定，因为这是展开虚拟性实践活动研究的基础。立足于马克思主义哲学的话语体系，从研究的角度出发，我们将人的虚拟性实践活动界定为：人的虚拟性实践活动是实践主体为了满足自身需要，在非主观非现实的空间场域中利用符号化、数字化等中介能动地、超越现实地改造虚拟实践客体的对象性活动。之所以如此界定人的虚拟性实践活动，主要基于以下几个方面的理由。一是说明虚拟性实践活动属于人有目的的活动，是虚拟性实践主体为了自身生存和发展的需要形成活动目的而开展的活动形式，强调虚拟性实践活动本身不是活动开展的目的，而是主体实现活动目的、进行虚拟化生存发展的基本手段。二是说明虚拟性实践中介是数字化、符号化的活动工具，是实践主体和实践客体相互规定、相互联系、相互作用的中介和中间环节，是人的虚拟性实践活动中必不可少的基本要素，并且虚拟性实践主体、虚拟性实践客体与虚拟性实践中介是在虚拟性实践活动过程中实现三者的辩证统一。三是说明虚拟性实践主体与虚拟性实践客体的相互规定、相互作用、相互联系是在虚拟性实践活动中完成的，虚拟性实践主体是从事和开展虚拟性实践活动的主体，而作为虚拟性实践对象的客观存在肯定是虚拟性实践客体，人的虚拟性实践活动离不开实践主体也离不开实践客体，二者的形成、发展和互塑是共时态地存在于虚拟性实践活动过程中。四是说明虚拟性实践活动发生的场域是非主观非现实的虚拟社会，这是人的虚拟性实践活动区别于传统实践活动形态的重要标志，也是人的虚拟性实践活动较之现实性活动发生重要变化的根据所在。五是说明人的虚拟性活动是人类一种能动的、超越现实性的对象性行为，是人们不满足于生存发展现状，而在当代科学技术革命条件下有意识、有目的地制造和使用符号或数字等中介系统创造性地作用于对象物的更高级更先进的实践形式，是人不断扬弃自我、超越现实的本质再现，体现明显的超越性和创造性。六是说明虚拟性实践活动是一种对象性活动，是主体客体化与客体主体化的相互转化活动过程，是虚拟性实践主体运用高科技的中介与虚拟性活动客体相互作用，从而在虚实交融的世界里实现信息、物质和能量相互交换的重要方式。

总而言之，人的虚拟性实践活动是一种全新的实践活动形式，突破了现实物理空间的物质性限制，创造性地建构了超越现实的虚拟存在物，满足了人类更加个性化、更加多样化的生存发展需要，是人们在新的虚拟社会中处理人与外部世界关系、改造虚拟世界的重要活动形式，也是人实现虚拟化生存发展、构建和谐虚拟社会的基本方式。人的虚拟性实践活动的出现，将人的生存与发展场域由单一的现实社会拓展演变为由现实社会与虚拟社会共同构建的二元场域，为实现人的全面发展提供了更为宽广的空间。

应该看到，虚拟性实践活动仍属实践活动的范畴，同样具有实践活动的共性，同样是人能动地改造对象物使之适应人生存发展需要的活动，但虚拟性实践活动毕竟是建立在高科技基础上的新型实践活动，又必然具有自己独特的个性即特性，这种特性也体现了新的活动形态的发展性和创新性。我们认为，从发展现状看，人的虚拟性实践活动具有改造指向的超越时空性、改造过程的智能创新性、改造结果的价值共享性等基本特性。

第一，改造指向的超越时空性。在现实性实践活动中，作为主体的人所改造的对象总是现实存在的事物，即改造所指向的总是在现实的一维时间和三维空间中存在的事物，总是具有现实可变性的事物，因为只有这样的事物，人们才能对其实施现实的改造，或者使之发生外在形状、形态的变化，或者使之发生内在结构、性质的变化，从而适应人生存和发展的需要。而虚拟性实践活动则不同，它虽然也要实施改造，也有改造指向，但它凭借先进的科学技术，可以指向存在于物理时空中的现实事物，也可以超越现实的物理时空，既可以指向过去曾经存在过而现在已经消失了的事物，又可以指向现在尚未存在而在将来可能出现的事物，在实现时间向两端延伸、空间瞬间变幻的基础上，实施对超越时空的事物的虚拟性改造，满足人在网络世界中的多样性、多层次的需要。超越物理的时空，改造任何时期、任何地点的事物，实际上也是人类长久以来所期盼、所追求的目标，只不过在网络世界、虚拟社会没有出现之前，这样的期盼、追求只能以神话或幻想的形式出现。在网络世界、虚拟社会出现以后，这些都成了能够实现的东西。虚拟性实践活动改造指向的超越时空性，不仅表明人类的社会生活从现实状态拓展到了虚拟状态，也表明了人类的实践活动既受现实条件的制约又能突破这些条件的制约，不断地实现着从不可能向可能的转化，体现着人的创造能力是有限性和无限性的辩证统一。

第二，改造过程的智能创新性。在现实世界中，现实性实践活动的改造过程确实也包含着人的智慧，体现着人的创新，因为作为活动主体的人总是具有一定智慧的人，活动工具是人的智慧的结晶，活动客体特别是经过人加工过的原材料也渗透着人的智慧，改造过程是改变事物外在形状、形态或内在结构、性质的过程，也是一个创新的过程。但是，虚拟性实践活动与现实性实践活动的区别在于，虚拟性实践活动的构成要素和主体运用中介系统改造客体的过程都是智能型的，这个过程的创新性是智能化的创新性。在网络世界里，仅有人还形不成现实的主体，只有人机结合才能成为现实的主体，即只有现实的人与网络机器设备结合起来才是现实的主体，这样的主体已表现出了智能性，中介系统是计算机、网络系统等，它们本身就是智能化的工具，网络中的客体是以数字、符号等形式呈现的智能化的事物，虚拟性的改造过程实质上是按照设计的程序智能化、自动化的操作过程，这一过程也是智能创新的过程。同时，这一过程能根据人的指令进行多种选择的调整，并在瞬间完成复杂的调整工作，其调整过程是高效即时地选择最佳操作方案、提高创新程度的过程，也是高度智能化的过程，这是现实性实践活动难以做到的。虚拟性实践活动的改造过程的智能创新性，体现了当代科学技术在改造世界过程中的巨大作用，也体现了人的本质力量既是有限的又是无限的。

第三，改造结果的价值共享性。这种改造结果的价值共享性，也充分体现了网络世界、虚拟性活动的先进性和属人性、为人性。虚拟性实践活动是一种新的活动形态，但它仍属人的实践活动的范畴，只不过是人的实践活动在新的历史条件下的创新，是当代科技革命的产物，因此，人从事虚拟性实践活动的目的是满足自己生存和发展的需要，改造的结果是服务人的，其价值也在于它对人生存和发展的积极意义。可以说，共享改造结果的人越多、面越宽，共享的时间越早、速度越快，改造结果的价值就越大。在网络世界里，虚拟性实践活动的改造结果不再是纯粹感性的物化形态，而是符号化或数字化的形式。这种符号化、数字化的存在状态能直接展现在虚拟空间中，并以电和磁的方式有效存储和快速传播，不受物理时空的限制，只要网络所及，有所需求的人都可以方便快捷地予以复制和共享，使改造结果惠及越来越多、越来越大的人群。虚拟性实践活动改造结果的符号化、数字化存在形式，传播的快速性，复制的方便性，价值共享的广泛性和快捷性，是现实性实践活动不具有的特性，它既体现了人、人的活动的超越性和自我完善性，也体现了网络世界、虚拟性活动适应人的需要而兴起、发展的必然性，还体现了先进的科学技术对人的发展、社会发展的巨大作用和重要意义。

虚拟性实践活动作为一种新的活动形态，既有自己新的特性，也有自己新的类型。从改造对象上看，虚拟性实践活动可分为还原型实践、仿真型实践和幻构型实践三种基本类型。

1. 还原型虚拟性实践活动

这种实践活动是对过去存在而现在已经消失了的事物的虚拟性改造，突破了物理时空的限制，改变了物理时间的不可逆转性和物理空间的不可移动性，以虚拟的方式重构并还原了在以往的历史中存在过的事物，实现了虚拟性改造在物理时空上的穿越，为人们能在网络世界中虚实结合地欣赏、享受历史上曾经存在而现在已经不存在的事物提供了立体的、动态的形象，满足了人再造历史存在物、欣赏历史存在物、把握历史存在物的享受性的精神需要。如人们可以根据恐龙化石及其生理结构等，将已经消失了的各种恐龙及恐龙的生存活动、生活环境等在虚拟空间中逼真地重构、还原出来，为人们认知、把握地球生命存在物的演化状况、地理环境的变动状况构建了感性的形象，使人们能立足现实而生动地还原历史，使现在看来不可能的东西又变成了可能。这一功能是现实性实践活动不具备的。一般说来，现实性实践活动所指向的事物是现实存在的事物，是具有现实可能性的事物，只有这样的事物才有可能通过人的现实改造作用而发生形状、形态或内在结构、性质的变化，从而满足人的特定需要。这种还原型的虚拟性实践活动使人的虚实结合的改造从"现在"回溯到了"过去"，使过去存在的事物在历史的长河中能以虚拟的方式长存，真正实现了历史的生动再现。

2. 仿真型虚拟性实践活动

这种类型的实践活动是对现实存在着的事物的虚拟性的改造，使经过改造的事物呈现在虚拟空间中。虚拟性活动是在网络世界、虚拟空间中进行的虚拟特征明显的活动，但它绝不是脱离现实的虚无缥缈的活动，而是建立在现实基础上的活动，是虚实结合、虚实交融的活动，因此，它必须关注现实，以现实存在着的事物作为自己活动的前提和基础，表现出了虚拟现实的特性。例如，利用虚拟现实技术建立起来的虚拟实践实训，就是仿真型的虚拟性实践活动，这样的实践实训，其"设备"和"部件"多是基于现实存在的东西虚拟的，教学内容可以根据随时生成的新设备而不断更新，使实践实训及时跟上技术的发展。同时，虚拟现实的沉浸性和交互性，使学生能够在虚拟的环境中扮演一个角色，全身心投入实践实训的环境中，提高相关技能，如军事作战技能、外科手术技能、教学技能、驾驶技能、维修技能等。由于虚拟的训练系统无任何危险，学生能基于目标而反复练习，直到掌握操作技能为止。在虚拟的飞机驾驶训练系统中就是如此，学员可以避免空中飞行的危险性而反复操作控制设备，学习在各种天气情况下驾驶飞机起飞、降落，达到熟练掌握驾驶技能的目的。这样的仿真型虚拟性实践活动，使人类既立足于现实存在物，又超越现实存在物的创造、创新、创意的潜能更为充分地发挥出来，体现了人类的改造能力既是有限的，又是无限的。

3. 幻构型虚拟性实践活动

这类实践活动是对现在尚未存在而只有到了将来才会出现的事物的虚拟性改造，如在太阳系其他星球上虚拟性地构建适合人类生存的地理环境和生活条件，为解决将来地球人满为患从而必须移居其他天体提供理想场域，就属于这种类型的实践活动。这样的作用状态体现了虚拟性实践活动的超前性和理想性，也体现了当代科学技术的发展性和人的实践活动的发展性。从发展水平上看，幻构型的虚拟性实践主要是运用符号化、数字化的中介来超越现实地、创造性地改造、构建未来出现的事物，从而突破了物理时间和空间的限制，把许多在现阶段为不可能的东西转变为可能的东西，甚至最终演变为现实的东西。可以说，这是人类在虚拟社会中实现未来理想的重要方式。从发展内容上看，幻构型的虚拟性实践活动是已经超越了现实性而理想化特征非常突出的实践活动，实践的对象是目前尚不存在的事物，确实很难找到与现实社会、现实生活相关、相连的因素。当然，这并不否认其与现实社会、现实生活的关联性，因为主体用来创造、构建实践对象的物质工具以及创造构想、方式方法、设计程序等都得遵循现实性的发展规律，都得合乎现实社会、现实生活的逻辑，从而体现了人类在网络世界里的理想不是绝对脱离现实的空想。总之，幻构型的虚拟性实践活动创造了一种新型的、超越了现实物理时空的人类生存发展方式，突破了现实条件的制约，体现了人类对未来理想生存发展状态的价值追求。

同样应该看到，正是有了建立在高科技基础上的虚拟社会，有了这三种类型的虚拟性实践活动，人类对世界的创造性改造实现了过去、现在和未来的有机统一，改造的时间既向前持续又向后逆转，改造的空间既保持稳定又发生转换，标志着人类的实践活动迈上了新的台阶、进入了新的发展阶段。

虚拟性认识活动和虚拟性实践活动作为人在虚拟世界中的两种新的活动形式，既体现了人与外部世界的基本关系，也体现了人在自己生存和发展过程中必须完成的基本任务。可以说，无论社会存在形式发生了量变还是质变，无论是在现实世界里还是在虚拟世界中，人要求外部世界来满足自己的需要而外部世界不能以现成的状态来自动满足人的需要的矛盾是始终存在的。为了解决这一矛盾，为了使自己得以生存发展以及更好地生存发展，人必然与外部世界形成两种基本关系，即认识关系和实践关系，人必须完成两大基本任务，即认识世界和改造世界，人的活动也必然构成两种基本形式，即认识活动和实践活动。可见，人的活动形式就是人满足自己生存和发展需要的行为方式，也是解决人与外部世界矛盾关系的能动方式；而认识活动和实践活动正是适应人与外部世界的基本关系和完成与此相关的两大基本任务所形成的两种基本活动形式，是解决二者矛盾的主要手段。只要人还在世代延续，社会还在继续进步，认识活动和实践活动就必然会持续进行，也必然要随着人的需要的发展、人的发展、社会的发展、科技的发展而不断发展、不断创新，这一过程不会停止、不会中断，虚拟性认识活动和虚拟性实践活动的兴起和蓬勃发展就充分体现了这一点。

第四章　人的虚拟性活动的主要环节

人的活动有其构成要素、基本形式，也有其主要环节。它们从不同的方面体现了人的活动状态。从构成要素上看，人的活动是由活动主体、活动客体、活动中介等相互依存、相互作用构建的有机系统，体现了人的活动要素的内在结构和功能作用；从基本形式上看，人的活动是由认识活动和实践活动组成，它们是人如何把自己活动的要素组织起来实现其综合作用的方式，体现了人与外部世界的两大基本关系，即认识关系和实践关系；从主要环节上看，人的活动则是由活动目的、活动展开、活动结果、活动评价等构成，它们按照内在的、必然的秩序，合乎规律地先后连接、依次递进、相互作用、彼此制约，构成了人的活动的过程性、连续性、流动性和完整性。人的现实性活动是如此，人的虚拟性活动也同样如此，因此，我们在分别研究了人的虚拟性活动的构成要素、基本形式之后，也必须从动态过程的视域研究人的虚拟性活动的主要环节。正是基于这样的研究目的，这一章将通过与现实性活动的比较，具体分析人的虚拟性活动的活动目的、活动展开、活动结果和活动评价等主要环节及其所发生的重大变化，探讨变化的特点等。

一　虚拟性活动的活动目的

人的活动总是有目的的活动，"活动目的"的形成必然是人的活动现实进行的现实起点和逻辑起点，也是人的活动过程的第一个环节。我们知道，人的活动是作为主体的人为了满足自己生存发展的需要而通过认识、实践等活动形式有目的、有意识地作用对象物的自觉行为，目的性也是人的活动的能动性、创造性的体现。人的活动必然会产生一定的结果,而这种结果应该在人的活动尚未现实展开前就已经在人的头脑中以观念的形式存在着了,这就是人的活动目的。为此,我们在这里所讲的人的"活动目的",是指人对动因的自我意识或是对活动结果的预先设想,有时也被称为"动机"。关于人的活动目的,我们可以从根源、内容和形式上展开分析。从根源上看,活动目的是作为活动主体的人对自己的需要及如何满足需要的自觉意识,或者说是活动主体对自己的需要和满足自己需要的对象物及其关系的能动反映,体现了作为客体的对象物经过主体作用后与作为主体的人"应当如何"的联系;从内容上看,活动目的内化着活动主体对如何满足自己需要的观念构想,体现着活动主体在活动过程中所追求的价值取向,也从观念上明确了活动主体哪些需要应该给予满足、应该如何给予满足;从表现形式上看,活动目的是作为活动主体的人对自己为什么进行活动、怎样进行活动和通过活动最终获得什么的预先设想,是对活动结果的超前意识,或者说,这种活动结果是以观念的形式表现出来的。应该看到,有活动目的和有目的的活动,这是人区别于动物、人的自觉能动活动区别于动物消极本能活动的重要标志。

在人的活动目的的形成过程中,人必须既自觉意识到自己生存和发展的需要,又应该自觉认识自己需要所指向的外界对象物的性质、本质和规律;但必须看到,人的活动目的的形成绝不是人的需要与需要所指向的外界对象物的机械相加,而应该是人的需要这一主体尺度与需要所指向的外界对象物这一客体尺度的有机统一,体现着活动主体与活动客体相互关系的观念整合和观念改造。在活动目的中,需要是作为主体的人的需要,属于主体的方面,体现了主体的尺度;而需要所指向的外界对象物属于客体方面,体现了客体的尺度。在活动目的的形成过程中,作为主体的人必须首先自觉意识自己的需要,并把自己的需要作为主体的尺度。这是因为,人的活动是为人的活动、属人的活动,是作为主体的人为了满足自己的需要而进行的目的活动,这正是由活动目的所规定和制约的,也可以说,这正是活动目的所追求的目标和结果。但作为活动目的来说,仅仅有人的需要这一主体尺度还不行,还必须有需要所指向的外界对象物这一客体的尺度。这是因为,作为主体的人的需要必须通过掌握和占有客体才能满足,即作为主体的人的需要总是对象性的，只有具有对象性的需要才能通过意识的反映和观念的改造转化为活动目的，或者说，反映需要的活动目的总要指向一定的客体。所以，活动目的的形成又必须认识需要所指向的外界对象物的性质、本质和规律，把握客体的尺度。把握主体尺度和客体尺度并不是活动目的形成过程的结束，人还需要在思维中对这两种尺度的关系加以整合，还需要人以自己主体的尺度为基准并通过观念的方式去改造客体，使客体的尺度统一于人自己的主体尺度。这是因为，外界对象物不能以现成的状态自动满足人的需要，人必须根据自己的需要去改造外界对象物。因此，人对外界对象物的反映绝不是机械呆板的反映，而是一种辩证否定、扬弃性的反映，即人必须根据自己的需要这一主体尺度在思维中对外界对象物进行观念的改造，在不背离外界对象物本身的性质、本质和规律的前提下，改变外界对象物天然的自在状态，使之变为符合人的需要的理想的存在状态，从而在思维中实现了以主体尺度为基准的客体尺度与主体尺度的统一，形成了活动结果的超前意识，即形成了活动目的。

人的活动目的不是固定不变的，而是变化发展的。现代人的活动目的有别于古代人的活动目的，将来人的活动目的肯定也会有别于现代人的活动目的，这种差异性正是活动目的变化发展性的生动体现。并且活动目的总的变化发展趋势应该是种类越来越多、内容越来越丰富、追求的目标越来越高，从而导致了人的目的活动的种类越来越多、内容越来越丰富、追求的目标越来越高，目的活动的变化发展与活动目的的变化发展是保持一致的。活动目的变化发展的原因来自相互联系的两个方面：一方面，体现主体尺度的人的需要是变化发展的。活动目的必须反映和体现人的需要，而人的需要总是变化发展的。我们知道，人的需要本身就具有一种不满足于现有条件、要求突破现有条件而不断变化发展的特性。对人而言，任何需要的满足都只是相对的满足，原有的需要满足了，又会产生新的需要，低层次的需要满足了，又会产生高层次的需要。人的需要内在地决定着活动目的，需要不同，活动目的也不同，需要变化发展了，活动目的也必然要随之变化发展，只有这样，活动目的才能反映人的需要、体现人的需要、服务人的需要。活动目的与人的需要的一致不是静态的一致，而是动态的一致。另一方面，体现客体尺度的外界对象物是变化发展的。活动目的既要反映人的需要，又要反映需要所指向的外界对象物。外界对象物也不是固定不变的，而是变化发展的，正如恩格斯所说："整个自然界，从最小的东西到最大的东西，从沙粒到太阳，从原生生物到人，都处于永恒的产生和消失中，处于不断的流动中，处于不息的运动和变化中。"① 外界对象物的变化发展是客观的，是不以人的意志为转移的。既然以满足人的需要为归宿的活动目的要反映需要所指向的外界对象物，要受到外界对象物的规定和制约，要以外界对象物作为客体尺度，那么，外界对象物变化发展了，活动目的也必然要随之变化发展。人的需要的变化发展与外界对象物的变化发展相互联结、共同推动着人的活动目的的变化发展。可以说，没有这样的变化发展，作为人类活动新形态的虚拟性活动的目的也不可能形成。

人类社会进入信息时代，当代科技革命的发展，特别是计算机科技、信息科技、网络科技、虚拟现实科技等的迅猛发展，改变了人类传统的现实性活动形态，推动着人的活动的构成系统、基本形式及活动时空、活动条件等向着虚拟化的方向发展，为人潜在的虚拟特性的显性发挥提供了动力，也为人的虚拟性活动的出现建构了技术性平台，从而改变了人的活动方式，拓展了人的活动领域，引发了人的虚拟性活动的诞生，既促进了人的需要的创新发展，又为满足人的新的需要创造了新的形态。同时，虚拟性活动的出现改变了人们的思维方式、认识模式和实践行为，创造了丰富多彩、虚实相生的虚拟世界，为满足人虚实交融、不断更新的需要开辟了更为广阔的对象世界。正是有了社会的发展、科技的发展、人的活动的发展、人的需要的发展、对象世界的发展，才会有目的活动和活动目的的创新，才会有虚拟性活动的目的。

虚拟性活动目的的形成也是人的虚拟性活动得以进行的前提，因为虚拟性活动仍然属于人的活动，仍然是人有目的的活动。但是，与现实性活动不同的是，虚拟性活动主体对自己为什么进行活动、怎样进行活动和通过活动最终获得什么的预先设想，不仅存在人的意识之中，而且超前地存在人脑的延伸——电脑之中。从根源和内容上看，虚拟性活动目的仍然是

---

① 《马克思恩格斯选集》第4卷，人民出版社，1995，第270~271页。

人对自己的需要及如何满足需要的自觉意识，体现了作为虚拟性活动客体的对象物经过活动主体虚拟性作用后与作为活动主体的人之间的价值关系，但虚拟性活动的目的不仅指向现实世界，而且指向了虚拟世界；不仅指向了可能的可能性，而且指向了过去为不可能的可能性及将来才可能的可能性，从而极大地拓展了主体的选择空间。总之，人的虚拟性活动所形成的活动目的，不仅存在于主体的意识之中，还可以通过虚拟工具更直观地展现在虚拟世界里，并经过智能化的程序相当精确地把活动结果虚拟出来，提高了活动的预见性、前瞻性，从而引导人们趋利避害，使虚拟性活动得以更顺利地开展并更好地实现活动目的。在虚拟性活动的活动目的的形成过程中，人的需要既是具体的又是抽象的，既是现实的又是虚拟的，致使人的需要不仅是现实性的满足，而且还可以是虚拟性的满足。需要所指向的对象物也既是具体的又是抽象的，既是现实的又是虚拟的，从而决定了人的虚拟性活动既要在现实社会中进行又要在虚拟社会中展开。因此，虚拟性活动目的所指向的对象既有具有现实可能性的存在，又有在现实中曾经表现为不可能性的存在和将来才具有可能性的存在，即虚拟性的存在，使其涉及的范围更广泛，内容更充实，形式更多样，也使虚拟性活动目的显得更为新颖、更为丰富多彩。

二 虚拟性活动的活动展开

人的活动都是有目的的活动，人的活动目的必然导致目的活动的展开；没有目的活动的展开，活动目的就只能是空想，为此，"活动展开"构成了人的活动动态过程的第二个环节。确实，人的活动目的不能只是观念模型，也不能仅仅停留在意识层面，而必须将观念模型付诸实践，通过活动的现实展开、现实进行，将人脑中的目的指向转变为现实的对象化的存在，才能从根本上满足人生存和发展的需要，切实地保障人的生存和促进人的发展。相对于活动目的来说，人的活动是实现这一目的的手段，为此，活动目的与活动展开的关系实际上也是目的与手段的关系。确认活动展开对于满足人的需要这一活动目的具有手段的属性，并不意味着对人的活动的贬低，相反，正因为人的活动是手段，活动展开必须服从于一定的活动目的，必须实现一定的活动目的，才使人的活动具有鲜明的目的性，才使人的活动真正是"为人"的活动，才是真正对人有意义、有价值的活动。从一定意义上说，人的活动目的就是人对自己需要的能动反映，人的活动离不开人的需要，人的需要也要通过活动目的体现出来，并通过目的活动得以满足。这一关系正如夏甄陶先生所说："需要决定着人们活动的目的，满足需要使人的活动成为有目的的活动，并必然表现为现实的活动。正是通过有目的的、现实的活动，才创造了人们的社会实际生活和历史，才保证了人们的存在和发展。"① 所以，无论是从逻辑关系上讲，还是从现实关系上看，活动目的的形成也必然导致活动的展开，活动目的与活动展开是先后相继的两个环节，体现着人的活动的过程性。

人的活动的展开过程确实是人的活动的关键环节，从本质上看，它是人实现活动目的、创造活动价值的过程，活动目的只有通过人的目的活动才能对象化为现实的存在物，才能形成活动的价值，体现活动的意义；这一过程也是人的活动要素相互联结、共同发挥作用的过程，是活动目的从观念形态变为现实形态、从可能性变为现实性的过程。或者说，在现实社会中，现实性的活动目的只有通过现实性的活动才能变为现实。因为，现实的活动目的所反映的人的需要是现实具体的，人的需要所指向的对象物是现实具体的，因此，作为主体的人基于一定活动目的而进行的目的活动也是现实具体的，即活动展开过程是现实具体的主体根据一定的活动目的并通过工具等中介在现实世界的物理空间中作用于现实具体的客体的过程，这一过程也是在一定目的的指导下进行并追求实现一定目的的过程。并且，也只有通过活动的展开、活动的进行，才能现实地解决活动目的形成过程中所包含的两大矛盾，即主体尺度与客体尺度的矛盾、现实存在与理想存在的矛盾。

在活动目的的形成过程中，确实存在着不可避免的两大矛盾。一是主体尺度与客体尺度的矛盾。如前所述，在活动目的中，人的需要构成了主体尺度，而需要所指向的外界对象物构成了客体尺度，这两种尺度是必然

---

① 转引自郭湛《人活动的效率》，人民出版社，1990，"序"第1页。

存在着矛盾的。我们知道，作为主体尺度的人的需要是人对其生存和发展的客观条件的必然依赖以及对这些条件的自觉追求，只有其需要得以满足，人才能存在和发展；而满足需要的东西又是人自身不能自然形成和提供的，只能存在于外部世界中。因此，人的需要必须指向外界对象物，人也必须以自己的需要为尺度去衡量外界对象物，要求外界对象物来满足自己的需要。但外界对象物却有着自己固有的性质、本质和规律，不会以现成的状态来自动满足人的需要。这样，即使人们认识到了外界对象物的性质、本质和规律，把握了客体尺度，但就其现有的自在状态而言，这种客体尺度与主体尺度仍然是不相符合、相互矛盾的，即作为主体尺度的人的需要要求外界对象物处于一种符合自己的"应有"状态，而在没有经过人的活动作用之前，外界对象物也必然是以一种不能现成地满足人的需要的"现有"状态而自在地存在着的，客体尺度不会自动符合主体尺度，客体尺度与主体尺度是相矛盾的。而活动目的的形成也正是要从观念上解决这一矛盾，因为活动目的所关心的是外界对象物应当如何的问题，所追求的是外界对象物对满足人的需要的意义。所以，在活动目的的形成过程中，人必须在思维中以自己的需要这一主体尺度为基准去改造客体，改变外界对象物"现有"的自在状态，使之变为符合自己需要的"应有"状态，实现客体尺度与主体尺度的统一。二是理想存在与现实存在的矛盾。我们知道，活动目的的形成过程也是人在观念上基于自己的需要对外界对象物的现实存在进行超前改造的过程，通过这一过程，是要在思维中形成一个符合人的需要的"理想存在"，即在头脑中预先构建活动结果的理想模型。这种结果是当前还不存在的东西，但它却以理想的形式提前出现在活动目的中。因此，活动目的的形成本身就表明，现实存在与理想存在之间存在着矛盾，人不满足于现实存在，要求改变现实存在，需要创造出适合于自己需要的理想存在。现实存在与理想存在的矛盾，实际上也是人的需要所指向的外界对象物的"现有"状态与需要追求的"应有"状态的矛盾的表现。外界对象物的"现有"状态是一种现实存在，而"应有"状态是一种理想存在。因此，现实存在与理想存在的矛盾是客观存在着的，并且表现于人的活动目的的形成过程中。而活动目的的形成过程也是从观念上解决这一矛盾的过程，是在思维中实现外界对象物从"现有"的现实存在状态向"应有"的理想存在状态转化的过程。需要强调的是,在活动目的的形成过程中,主体尺度与客体尺度的矛盾、现实存在与理想存在的矛盾只是在观念中得到了解决,其现实解决还必须通过人的活动,换言之,只有通过活动的展开、活动的进行,才能解决上述两大矛盾,才能实现活动目的。

虚拟性活动的展开、进行同样是为了实现活动目、创造活动价值,同样也要解决主体尺度与客体尺度的矛盾、现实存在与理想存在的矛盾,因为虚拟性活动仍属人的活动范畴,是人的现实性活动的拓展和延伸,其基本任务和价值目标是一致的,为人性、属人性是不变的、共同的。但虚拟性活动作为人的现实性活动的创新发展,必然又有其新的个性,虚拟性活动的展开、进行也必然有其新的特点。

在虚拟世界里,人有了明确的活动目的之后,也会将其付诸行动,即通过展开活动来实现活动目的,这是必然的、毫无疑义的。人的虚拟性活动的展开是虚拟性活动主体对虚拟性活动客体的作用过程,是主体实现活动目的、创造活动结果的重要环节,也是主体认识和改造客体的关键所在。既然如此重要,我们就有必要对人的虚拟性活动展开环节做一个界定。概括起来,人的虚拟性活动展开是指作为活动主体的人根据一定的活动目的,通过符号化或数字化的中介在特定的活动场域中作用于活动对象,使之成为符合人的需要的理想状态的过程。

与传统的现实性活动相比较,人的虚拟性活动的展开过程表现得更为复杂,因为活动主体是现实存在的感性的人,如何将活动主体的目的、意图、指令通过符号化、数字化的中介指向于活动对象以启动活动,如何将虚拟性活动过程中的运行状况及时反馈给主体以便于做出调整等,都是在现实性活动中未曾遇到过的复杂问题。在我们看来,虚拟性活动的展开具体包括三个阶段,即搜索阶段、链接阶段、沉浸阶段。当活动主体有了明确的活动目的之后,就会通过各种手段和方式(主要表现为网站门户选择、搜索引擎检索等)在网络虚拟世界中寻找符合自身需要的对象,选择哪些是自己需要的、哪些是自己不需要的,因为虚拟世界是一个泥沙俱下的"信息大熔炉",主体的判断、筛选、甄别对展开具体的虚拟性活动显得尤为重要。随后进入第二个阶段,即主体在选择确定符合自己需要的活动对象之后，就以点击方式来链接、关联意向性的对象，或以技术手段传递、感知活动对象，实现主客体间的直接对接。链接手段是主客体在虚拟世界中重构现实关系的基本方式，也是实现主体客体化、客体主体化的重要通道，有时我们称之为"关联"。沉浸阶段是虚拟性活动展开中的最后阶段，主体链接到能够满足自身需要的对象之后，就会将其纳入自己的活动领域之中进行虚拟性的认识和改造，身临其境般地沉浸其中，并且总能充分发挥虚拟性活动中介的便捷性不断与他人复制、分享、传递其活动成果。需要强调的是，每一个活动展开阶段的进行都需要主体做出明确的判断和精确的选择，如果其中出现不合理、不科学或"失误"现象，又将回到搜索阶段重新开始。

与传统的现实性活动相比较，人的虚拟性活动的展开过程从单一的物理空间拓展到更为宽阔的网络虚拟空间。网络虚拟空间解构了以地理环境、社会历史、文化传统、风俗习惯等为标志的现实性物理空间，分化了过去、现在和未来为一体的线性时间，从而保证了主体在虚拟性活动中能够充分利用众多的智能化、自动化、信息化工具指向更为宽泛的客体，减少了对现实世界的物理条件、人文因子的依赖，拓展、深化了虚拟性活动展开的广度和深度，增强了活动的自由性和开放性，为创造出更为丰硕的活动结果提供了必要条件。而且发生在网络虚拟空间里的活动展开过程由于有了先进技术的参与，打破了传统现实性活动的一维性和不可逆性，活动过程的排列组合、先后顺序有了多样化方案的选择和多维性存在的构建，尤其是面对一些重大的关键性的活动时，这种"灵活"的活动展开不但可以及时调整和优化活动进程的计划，提高了活动成功的概率，而且对于节省活动时间、提高活动效率也大有裨益。

但无论科学技术如何发达、工具手段如何高超，人的虚拟性活动展开过程始终是错综复杂的，总是会出现诸多预想不到的干扰因素，导致主体对活动目的的彷徨，对活动工具的质疑，对活动结果的忧虑，进而影响了对虚拟性活动对象的深刻认识和全面改造，影响了活动结果正效应的发挥。所以，我们在具体的虚拟性活动展开过程中，有必要基于网络社会的特殊性、目标选择的调适性、价值追求的明确性，做出必要的调整和合理的控制，进一步优化活动方案、调控活动流程，使活动展开过程更为优化、更为科学、更为合理，以创造更适应人们虚拟化生存和发展的活动结果，使人们在新型的虚拟社会中更好地保障生存和促进发展，构建更为理想、更为和谐的网络世界。

三 虚拟性活动的活动结果

哲学意义上的结果是与原因紧密相关的一对范畴，也是揭示客观世界中普遍联系着的事物先后相继、彼此制约关系的一对范畴，原因是指引起一定现象的现象，结果是指由原因起作用而引起的现象。我们常说，因果联系有两个明显的特点：一是因果联系往往与时间顺序直接相关，前因后果是因果联系的特点之一，但是，有时间先后关系的并不都具有因果联系，像白天和黑夜之间的先后相继就不是因果联系，"在此之后"不等于"因此之故"；二是原因和结果是必然联系，只要有一定的原因出现就不可避免地产生一定的结果，因此，因果联系是一种包括时间顺序性在内的由某一现象必然引起另一现象的本质联系。这样理解是对的，但不完整，因为因果联系一定是在运动中形成的联系，是动态过程中形成的先后相继、引起和被引起的联系，离开了运动就形不成因果联系。事实也是如此，像地球绕着太阳自转与昼夜交替之间的因果联系就是在地球的运动中形成的先后相继、引起与被引起的联系，其他的因果联系同样如此。世界上的存在物，无论是生命存在物还是非生命存在物，都是在运动过程中建立因果联系的，但只有人才能通过自己特定形式的运动即自己的活动有目的地构建因果联系，其他存在物的因果联系都是无目的性的。非生命存在物的因果联系是在运动中形成的，如水从上向下的流动必然导致动能和势能，但它是一种无目的的纯自然现象。生命存在物的因果联系同样是在运动过程中建立的，如植物开花与结果之间的因果联系是在运动中构建的，狮子捕杀斑马与用其充饥之间的因果联系也是在运动中构建的，虽然二者的因果联系有区别，前者是基于植物生长规律形成的因果联系，后者是基于动物生存规律形成的因果联系，但有一点是共同的，即它们所形成的因果联系都是没有目的的；动物的运动就是动物的活动，狮子捕杀斑马用其充饥的联系是通过狮子的活动构建的，但它是体现动物本能的自然现象，无目的性可言。而通过人的运动即人的活动建立的因果联系则不同，它是内在地蕴含着人的目的性的，从而体现和确证着人的活动是有意识有目的的自觉能动活动。

由此可以说，在一定活动目的指导下的人的目的活动的展开、进行，必然会导致一定的活动结果，这种活动结果是反映人的目的性的结果，也是反映人的活动自觉追求的结果。因此，活动结果必然成为继活动目的、活动展开之后的第三个环节。

从哲学视野看，人的活动研究中的活动结果应该表现为两种形态：一种是在人的特定活动展开、进行之前，以观念形态存在于活动目的中的活动结果；一种是在人的特定活动结束之后，以现实状态呈现于现实世界中的活动结果。这两种形态的活动结果是人的活动特有的，它是人的生命活动区别于其他动物生命活动的重要标志，也进一步表明和确证人的活动是自觉能动的、富有创造性的活动。

应该看到，这两种形态的活动结果确实是有区别的，它们在人的活动过程中出现的时段不同、表现形态不同、价值意义不同。

前一种活动结果出现在人的活动现实展开、进行之前，即出现在人的活动的第一个环节——活动目的之中。如前所述，活动目的是人在头脑中对自己为什么进行活动、怎样进行活动和通过活动最终获得什么的预先设想，是对活动结果的超前意识。也就是说，这种活动结果是以观念的形态出现在活动的准备启动阶段，是在思维中形成的符合人的需要的"理想存在"，是在人脑中预先创造性地构建的活动结果，它虽然是当前还不存在的东西，但以理想化的状态提前出现在活动目的中，既能启动人的活动，又能规定、制约人的活动，促使人的活动向着事先知道的、理想的目标前进。关于这种活动结果，马克思专门进行过分析，他认为："蜘蛛的活动与织工的活动相似，蜜蜂建筑蜂房的本领使人间的许多建筑师感到惭愧。但是，最蹩脚的建筑师从一开始就比最灵巧的蜜蜂高明的地方，是他在用蜂蜡建筑蜂房以前，已经在自己的头脑中把它建成了。劳动过程结束时得到的结果，在这个过程开始时就已经在劳动者的想象中存在着，即已经观念地存在着。他不仅使自然物发生形式变化，同时他还在自然物中实现自己的目的，这个目的是他所知道的，是作为规律决定着他的活动的方式和方法的，他必须使他的意志服从这个目的。"① 从一定意义上说，没有这种观念形态的活动结果，就没有人的有目的的活动，也不会有现实形态的活动结果。

后一种活动结果出现在人的活动结束之后，它是人的活动的直接产物，是人的目的的对象化和现实化，也是人的本质力量的展现。从形成过程上看，它是作为主体的人基于一定的目的并使用工具等中介创造性地作用于客体而产生的结果，也是构成人的活动的三大基本要素——活动主体、活动客体、活动中介相互联结、共同起作用而形成的结果。这种结果蕴含着人的活动的作用力和创造力，与人的活动构成了直接的因果联系。从存在状态上看，这种活动结果通过人的活动的现实作用，或者发生了形状的变化，或者发生了性质的变化，或者形状和性质都发生了变化等，即它已不是自然状态的存在物，而是通过人的活动人化了的存在物。从价值意义上看，这种活动结果体现了活动目的的实现度，体现了与人的需要的契合度以及对人的需要的满足度。换言之，它体现了人的活动创造了什么价值，对人的生存和发展有何意义。这种形态的活动结果正是人的活动所要追求的目标，它体现着活动目的，又有别于活动目的，已从观念形态的活动结果变成了现实形态的活动结果，已不是在人的头脑中与人的需要趋同而是在现实世界中与人的需要趋同。也正是这样的活动结果，特别是符合人的需要的现实结果，才能现实地保障人的生存与发展。

由此可见，两种活动结果又有着密不可分的内在联系。没有观念形态的活动结果，就不会有对活动结果超前意识的活动目的，也不会形成有目的的活动，更谈不上体现活动目的的现实形态的活动结果了；而没有现实形态的活动结果，人的目的活动就是没有价值的，人的活动目的就是空想，观念形态的活动结果就只能停留在人的头脑中，永远不可能实现从观念形态向现实形态的转化，人的需要就不能得到现实的满足，人也就不能作为有别于其他动物的、真正的人而生存和发展。所以，在对人的活动的研究中，只有基于人的活动的特性来分析人的活动的这两种结果，既看到它们的区别，又看到它们的联系，才能全面深刻地认识人的活动结果，才

---

① 《马克思恩格斯选集》第2卷，人民出版社，1995，第178页。

能全面深刻地认识人的活动。需要强调的是，作为人的活动过程中第三个环节的活动结果，应该是指现实形态的活动结果。联系观念形态的活动结果来探讨现实形态的活动结果，也是为了更好地理解现实形态活动结果的"为人"性、"属人"性和价值性。

人的虚拟性活动的展开、进行必然会形成一定的活动结果，这种结果也同样是目的活动的结果，即作为人类当代新的活动形态，人的虚拟性活动在主体通过各类现代科技手段的作用和运行下，也会将活动对象改造成趋向目的的对象化结果，以满足自身的需要。简而言之，人的虚拟性活动结果是指主体基于虚实交融的世界开展虚拟性活动后所产生的一切状态或关系。从这一规定性中看出，人通过虚拟性活动过程所追求的活动结果虽然也是活动目的的具体实现形态，但这一形态是以特定的状态或关系既存在于网络虚拟世界里又存在于现实物理世界中，并以特定的方式来满足人特定的、虚实交融的需要。这种活动结果是有别于传统的现实性活动结果的，它具体表现为虚拟性与现实性相结合、目的性与数字性相统一。通常情况下，人的虚拟性活动结果以数字、图像或视频的形式直接地展现在虚拟空间里，给主体带来了不同于传统现实性活动结果的新的经验、知识、体验和享受，并能以电或磁的方式存储和传播，方便了主体间的复制与共享。但是，部分活动结果也只有在特定条件下转换成现实的具体的客观存在，才能更好地合乎人的活动目的、更好地满足人的生活需要。比如我们经常在网络商城中进行的购买交易行为，虽然在网络店铺里选择了型号或款式，付了款下了单，但真正能满足我们生活需要的物化商品还得通过现实社会中的物流快递送到我们手中，以完成这一虚拟性与现实性相结合的虚拟性活动过程。与现实性活动一样，人的虚拟性活动结果也内化着活动目的的内容，是活动目的在活动最后结果中的具体体现，无论活动结果如何孕育、形成、凝结，也离不开活动目的所确定的目标和方向，但虚拟性活动结果所蕴含的目的性往往不是与实物性相结合，而是与数字性联结在一起的。在网络空间中，虚拟性的活动结果的内容常常通过数字、符号等形式表现出来，并以抽象的方式呈现于屏幕上，从而体现出目的性与数字性的统一。虚拟性活动结果的这种虚拟性与现实性的结合、目的性与数字性的统一，不仅表明了虚拟性活动结果是一种基于当代高科技而形成的新型活动结果，也进一步体现了虚拟性活动是一种基于当代高科技而形成的人类新型活动。

我们需要强调的是，人在通过虚拟性活动形成结果时也要追求实现活动目的、创造活动价值，这一点与现实性活动是一致的、共同的，从而表明了虚拟性活动仍属人的活动范畴，是人的现实性活动的拓展和延伸，与现实性活动具有历史继承性。但虚拟性活动毕竟是一种新的活动形态，并且是建立在计算机科技、信息科技、网络科技、虚拟现实科技等高科技基础上的新的活动形态，较之现实性活动，它又表现出了时代创新性，这种时代创新性既表现在活动目的、活动展开上，也表现在活动结果上，如上面所说的虚拟性与现实性的结合、目的性与数字性的统一，以及与活动结果相对应的人的需要是虚实交融的需要等，都生动地说明了这一点。这也证明，人的活动目的、活动展开是变化发展的，与其相联系的活动结果同样是变化发展的，从而也深刻地表明，只要人还在发展、社会还在进步，人的活动就会与时俱进、不断创新。

四 虚拟性活动的活动评价

从活动的间断性上看，人的活动的某一次过程到活动结果的形成就似乎结束了，因为它已经实现了活动目的从观念形态向现实形态的转化，创造了活动的价值。但是，人的活动总是连续的，一次活动过程的结束就意味着另一次活动过程的开始。人的活动的全过程是一个延绵不断、持续进行的过程，每一次活动特别是结果，不仅关系人们当前需要的满足及满足的程度，还会对下一次活动产生影响，关系今后的活动是否会更合理、更有效地进行，能否更好、更充分地满足人们新的、发展了的需要。为此，基于特定的结果对特定的活动进行评价就是必要的，也是重要的。可以说，只要人类还世代延续、不断发展，人的活动过程就不会中断，总会一次接着一次地持续进行，实现着活动从简单到复杂、从低级向高级的发展，而对活动的反思、审视、评价也会始终伴随着这一过程。所以，在形成活动结果之后，人的活动必定还有一个环节，即活动评价。

所谓评价，既有评判、衡量人或事物的作用、价值之本义，还有总结成功的经验和失败的教训之延伸含义。从时间上看，评价应该是基于现实对已经发生了的事情进行的评价，也是一种对过去的东西的反思、审视；从性质上看，评价是价值评判，也是事实评判，既要评价发生了的事情有无价值以及有多大的价值，又要评价事情到底做得怎么样、有无需要完善之处；从目标上看，评价应该是立足现在，反思过去，以利将来。人的活动评价也应该是人对已经结束了的特定活动进行评价，既包括价值评价，又包括事实评价，既要对整个活动过程特别是活动结果进行是否实现活动目的以及在多大程度上实现活动目的做出评价，或者说，对其是否满足人的需要以及在多大程度上满足人的需要做出评价，又要反思活动过程，总结活动中成功的经验和失败的教训，从而为今后更合理、更有效地从事活动奠定价值判断基础和事实认定基础，更好地推动人的活动的健康发展。由此可见，活动评价也确实是人的活动过程中的重要环节，并且是必不可少的重要环节，它也体现了人是能够对自己的存在发展方式即活动进行价值判断和理性反思的能动存在物。

活动评价应该是一种全面性的评价，既要对作为活动直接产物的活动结果进行评价，又要基于活动结果对启动活动的活动目的、实施活动的活动展开等环节进行评价。

首先，需要对活动结果进行评价。人在活动结束时所获得的活动结果是活动目的的现实化，是活动目的中的活动结果从观念形态变为现实形态。那么，这种现实形态的活动结果是不是与观念形态的活动结果相一致呢？或者进一步说，这种现实形态的活动结果是不是与活动目的相契合呢？或者从更深层次上说，这种现实形态的活动结果是不是满足了人生存和发展的需要了呢？对这些，都是需要进行评价的。从现实性上看，现实形态的活动结果与观念形态的活动结果、活动目的、满足人生存发展的需要的关系会出现以下几种情况。或者是现实形态的活动结果与观念形态的活动结果完全一致，与活动目的完全相契合，完全满足了人生存和发展的需要，这是最佳、最理想的状态，也是最难达到的状态。或者是现实形态的活动结果与观念形态的活动结果基本一致，与活动目的基本相契合，基本满足了人生存和发展的需要。这里的所谓"基本"就意味着还有少量不一致、不契合、不满足之处，这是一种较好、较理想的状态，也是出现得比较多的状态。或者是现实形态的活动结果与观念形态的活动结果基本不一致，与活动目的基本不契合，基本不能满足人生存和发展的需要。这里所说的"基本"则应该意味着主要是不一致、不契合、不满足的，在现实生活中，这种状态应该不多见，也是人不愿意看到、得到的结果。或者是现实形态的活动结果与观念形态的活动结果完全不一致，与活动目的完全不契合，完全不能满足人生存和发展的需要，这种状态则意味着人的活动完全失败了，虽然少见但也存在。关于活动结果呈现的这几种情况，就只有对其进行价值评价和事实评价，并将这两种评价有机地结合起来，才能做出客观的、科学的判断，才能为即将进行的下一次活动提供有益的借鉴，使将来的活动结果更加合乎人性和理性。

其次，需要基于活动结果对形成这种结果的其他环节进行评价。形成什么样的活动结果也与活动目的、活动展开具有内在的关联性。从一定意义上讲，它们之间存在着一种依次递进的因果关系：活动展开是活动结果的原因，而活动目的又是活动展开的原因。为此，活动结果的状况也反映着活动展开、活动目的的状况。一般说来，人在根据活动目的展开活动时，不仅对为什么进行活动、怎样进行活动、通过活动最终获得什么有一预先设想，而且要有实施这一预先设想的现实活动步骤或活动方案，并且会按照其活动步骤或方案去现实地展开活动，使现实形态的活动结果与观念形态的活动结果保持一致，与活动目的相契合，满足人生存和发展的需要，这是人的活动的理想追求、价值追求。如果说现实形态的活动结果与观念形态的活动结果保持了一致，做到了与活动目的相契合，特别是满足了人生存和发展的需要，这也从因果关系上表明，活动目的的形成既反映了人的尺度又体现了物的尺度，实现了人的尺度与物的尺度的有机统一；活动展开不仅是遵循活动目的进行的，而且是科学合理地进行的，实现了活动目的与目的活动的有机统一。只有这样，才能真正保障人的生存和促进人的发展，才算真正实现了人的活动的价值。如果是现实形态的活动结果与观念形态的活动结果只是部分保持了一致，与活动目的只是部分相契合，特别只是部分地满足了人生存和发展的需要，那么，从只是部分满足了人生存和发展的需要反推回去，说明在活动目的中，人的尺度与物的尺度的统一、活动目的与目的活动的统一还有不足之处，从而也表明人的活动不尽合理,没有完全实现其目标和价值。如果是现实形态的活动结果与观念形态的活动结果没有保存一致,与活动目的不契合,特别是不能满足人生存和发展的需要,那就说明,人的尺度与物的尺度是矛盾的,活动目的与目的活动是相悖的。这种状况是既不能保障人的生存,更谈不上促进人的发展,只能是失败的活动,是没有正效应的活动。要想正确地认识这几种状况,就需要对每一种状况形成的相关环节进行理性的反思和审视,对其进行价值评价和事实评价,并将这两种评价有机地结合起来,从而做出客观的、科学的判断,进而为将来进行的活动提供成功的经验和失败的教训,使之既合人性又合物性,既合目的性又合规律性,既遵循人的尺度又遵循物的尺度,促使活动目的更为合理、活动展开更为完善、活动结果更为适应人的需要。

虚拟性活动作为人的活动,同样需要进行活动评价,同样是通过活动评价,既对活动结果进行审视,又对与其相关的活动目的、活动展开进行反思,既做出价值判断,又做出事实判断,从而为虚拟性活动的持续进行、不断发展奠定价值认识基础和事实认识基础。这也表明,虚拟性活动仍是人的活动,是人的活动的拓展和延伸,较之现实性活动具有历史继承性;但虚拟性活动毕竟是在网络世界中进行的活动,是已经数字化、符号化、虚拟化了的活动,活动的构成要素、基本形式等都发生了重大变革,因此,虚拟性活动又是人的活动的新的形态,较之现实性活动又具有时代创新性,在进行活动评价时又表现出了新的效果、新的特性。

在虚拟性活动中,作为活动主体的人既是活动的实施者和行为者,又是活动的反思者和评判者。人应该做到这一点,必须做到这一点,也能够做到这一点。人的虚拟性活动是人特有的认识和改造虚拟性事物的自觉行为,是人为满足自己虚实交融的需要,在非现实非主观的虚拟世界中有意识有目的地使用数字、符号等虚拟性的中介创造性地作用于对象物的能动活动。从本质上讲,虚拟性活动同样是一种凸显价值性的创造活动,是主体运用各种智能化、虚拟性的活动中介合目的性、合规律性地认识、改造活动对象,从而创造性地构建、形成满足主体需求的活动结果,这一过程也是实现主体需求客体化、客体价值主体化的活动过程。这种人化对象物与人之间的满足与被满足的对应关系,本质上就是一种价值关系,一种客体适应主体、为主体所用、满足主体需要的价值关系。但是，任何事物都包含着矛盾，任何事物的作用都具有辩证性，人的虚拟性活动也不例外。以上所分析的现实性活动需要评价、反思、审视的种种情况，在虚拟性活动中仍然存在，这也体现了虚拟性活动与现实性活动之间的历史继承性，证明了虚拟性活动仍属人的活动范畴。并且，虚拟性活动自兴起以后，也会持续进行、不断发展。因此，人也需要对虚拟性活动结果以及基于活动结果对其他环节进行评价，这种评价也应该是价值评价与事实评价的有机统一，使以后的活动更加合理化、完善化和为人化，使人能在虚实结合的世界里更好地生存和发展。

虚拟性活动毕竟是人的活动在新的历史条件下的创新发展，是人的活动的新形态，因此，与传统的现实性活动评价相比，主体在虚拟性活动评价的过程中可以运用更为先进的工具（如程序软件、系统平台）、手段（如云计算、大数据、物联网等）和方法（如虚拟现实法、仿真法等），凸显了新的效果，体现了新的特性：一是为活动评价提供了更为准确、全面的数据和更为先进的科技手段，使理论分析更为具体化、清晰化，使分析结果更为精确化、科学化，为下一次的活动开展提供了更为科学的认识基础和更为精细的操作指南；二是为活动评价的反馈、传递、分享提供了更多的渠道、手段和方式，并且使这种渠道、手段和方式更加顺畅、多元和宽广，为充分发挥活动结果的价值和作用搭建了高科技的平台，极大地提高了虚拟性活动的活动效能和活动效率；三是要求活动主体必须加强科技知识和文化的学习，与时俱进，及时了解和掌握先进的科技知识、操作手段和方式方法，及时了解和掌握科学的文化、正确的观念，从而既提升了人的科技素质和文化水平，又提高了人在虚实交融的世界里的认识能力和实践能力，使人在进行虚拟性活动评价时判断更准确、审视更全面、反思更深刻，促使人的活动特别是虚拟性活动不断完善、不断发展、不断创新。

必须看到，与现实性活动相比较，从活动目的到活动展开、活动结果、活动评价，虚拟性活动的主要环节确实发生了重大的变化，从总体上看，其变化是多方面的。

其一，活动的世界变了。在网络虚拟世界出现之前，人的现实性活动都是以现实的物理世界作为活动场域的,即现实性活动的舞台就是现实的物理世界,人是在现实的物理世界中从事现实性活动的,现实性活动的过程呈现在现实的物理世界中,这一过程的各环节也同样呈现在现实的物理世界中。可以说,只有能够呈现于现实物理世界的活动才是现实性的活动。活动环节是现实性的活动环节,离开了现实物理世界,活动目的、活动展开、活动结果和活动评价都没有了现实基础和条件。事实也是这样,如活动目的总是基于人在现实物理世界里的需要与需要指向的现实物理世界的事物及其价值关系而形成,活动展开是现实物理世界中的活动主体运用现实物理世界的中介去作用现实物理世界的客体的过程。活动结果是存在于现实物理世界中的结果,人也是根据现实物理世界需要的满足、目的的实现状态去进行活动评价的。没有现实的物理世界,就没有这些现实性的活动环节,也不会有现实性的活动过程。道理很简单,在网络虚拟世界出现之前,现实物理世界是人生存和发展的唯一场域,是人活动于其中的唯一世界。而随着当代科技革命的兴起,特别是计算机科技、信息科技、网络科技、虚拟现实科技等的发展,网络虚拟世界形成,人的活动演变出了虚拟化的状态,人的活动场域从现实的物理世界拓展到了网络的虚拟世界。活动所处的世界变了,活动构成要素、基本形式变了,作为体现活动构成要素、基本形式动态过程的活动环节也必然要发生相应的变化,如虚拟性活动目的就不仅存在于人的意识之中,还存在于人脑的延伸——电脑之中,活动目的中蕴含的人的需要既是具体的又是抽象的,需要所指向的对象既是现实的又是虚拟的,由此也决定了人的虚拟性活动既要在现实世界中进行又要在虚拟世界里展开,扩大了活动领域,使活动的展开减少了对物理条件的依赖,提升了活动的自由度。

其二,存在的时空变了。人在物理世界里从事的现实性活动是离不开物理性的时间和空间的,物理性的时间和空间是人的活动的现实存在形式,就如离开时空的物质运动是不可想象的一样,离开时空的人的活动也是不可想象的。作为人的活动存在形式的物理性的时间是一维的,它只有从过去、现在到将来的一个方向,其流逝总是沿着单一方向往前的,不可逆转,也不可超越,存在于其中的人的活动也是单向往前的,不可逆转,也不能跳过现在直接到将来;物理性的空间是三维的、立体的,作为人的活动的存在形式，在特定的活动中总是稳定的、确定的，即人的特定活动的空间位置总是相对固定的。所以，在现实的物理世界里，人的特定活动过程是沿着一个方向往前的，特定活动的空间位置是不能随意移动的，作为人的活动过程中的各个环节是不能脱离过程而单独存在的，它们所处的时空也是如此。随着网络化的虚拟世界的出现，人也形成了新的活动形态，即以"数字化符号"为中介的虚拟性活动，与之相适应，在人生存发展的世界和人生存发展的方式都虚拟化了的条件下，作为人的活动存在形式的时间和空间也发生了重大变化。就时间讲，人的虚拟性活动的时间不再是不可逆转、不可超越的，人可以依靠计算机技术、信息技术、网络技术、虚拟现实技术等，根据现在的需要再现包括各环节在内的过去的活动过程，也可跳过现在，理想化地构建包括各环节在内的将来的活动过程，使活动时间向两端延伸，使人能更好、更有效地认识和利用各活动环节及活动过程来满足人虚实交融的新需要；就空间讲，依靠上述的先进技术，人可以根据自己的需要即时变换活动空间，选择最佳的活动场所，使各活动环节及其所构成的活动过程在最佳的场所里发挥最佳的作用，更好地满足人虚拟化的生存发展需要。

其三，表现的方式变了。在现实性的活动中，各活动环节都是现实具体的，只有现实具体的活动环节才能构成现实具体的活动过程，也才能现实具体地实现活动的目的，创造活动的价值，满足人的需要。在物理世界里，现实性的活动环节是以现实具体的方式表现出来的，即使是观念形态的活动目的也是如此，因为从根源上看，活动目的包含的人的需要是现实具体的，需要所指向的对象也是现实具体的，只有这种现实具体的活动目的才能启动目的活动现实具体地展开，形成现实具体的活动结果，满足人现实具体的需要，从这一意义上说，现实性活动目的的观念性也是蕴含、凸显着现实具体性的观念性。而在虚拟世界里，"数字化符号"既是虚拟性活动的中介，又是虚拟性活动的表现方式，各活动环节以及由这些环节所构成的活动过程都可以通过数字化的符号等表现出来，并能即时地以电和磁的方式存储和传播，有利于人们之间的复制和共享，从而方便快捷地满足了更多的人及更大的人群的需要，使人们能在数字化的虚拟世界里更好地生存和发展。

从根本上说，这些变化不仅体现了活动环节的变革，而且还体现了科学技术的变革、社会存在形式的变革、人的活动形态的变革。当代科技革命方兴未艾，虚拟世界还在发展，虚拟性活动还在创新，因此，虚拟性活动的各环节也不会凝固不变，必然还会呈现新的功能，凸显新的价值，表现新的特性，这也是不以人的意志为转移的必然趋势。

第五章 人的虚拟性活动的运行机制

人的活动总是具有运行机制的活动，即人的活动都有其开展、进行的机制，虚拟性活动作为人的活动的重要组成部分和新的形态，同样有其运行机制。这里所说的虚拟性活动的运行机制，是指人从事、开展虚拟性活动的动因、根据、条件等。可以说，任何事物的运动都有其动因、根据和条件，无动因、无根据、无条件的运动是不存在的。人的活动也是人的运动，其开展、进行也必然有其动因、根据和条件，虚拟性活动也不例外。在虚拟社会中，人的虚拟性活动得以现实进行，既有其内因、内在根据，又有其外因、外在条件，是内因和外因相互作用的结果。只要我们深入分析就会发现，人的需要的发展是人的虚拟性活动现实进行的内在动力机制即内因，科学技术的进步则是人的虚拟性活动现实进行的外在技术机制即外因，它们的相互作用使人的虚拟性活动从可能变成了现实。可见，从根本上说，人的虚拟性活动的运行机制还在人自身，因为人的需要是人的本性的体现，而科学技术则是人的智慧的结晶。

一 人的需要的发展是虚拟性活动现实进行的内在动力机制

从根本上说，人的活动是属人的活动、为人的活动，虚拟性活动同样如此，因此，人为什么要从事这种活动的内在原因、内在根据只能从人自身去寻找，而促使人从事活动的内在动因不是别的东西，正是人自己的需要。

人的需要总是人生存和发展的需要，而需要也体现一种匮乏状态，人有需要本身就表明人的生存和发展还缺乏一些东西、离不开这些东西，因此，只有通过活动获得这些东西，使需要得以满足，人才能作为现实的人而生存和发展。那么，为什么只有人的需要才能引发人从事"属人""为人"的活动，才能促使人的虚拟性活动的兴起呢？

我们知道，需要不是人独有的，人之外的动物也有需要。动物的需要同样体现一种匮乏状态，也只有通过活动改变这种状态，获得所需的东西，动物才能生存，动物种群才能延续。但人的需要与动物的需要有着根本的区别，从而导致人满足需要的活动也与动物满足需要的活动有着根本的区别。

从性质和内容上看，动物的需要是维持其生命机体和繁衍后代的单纯生理性的自然需要，这种需要是简单狭隘的物质性的需要，也是基本不变的需要，并且动物既无自觉的自我意识，也无自觉的对象意识，对自己的需要只有本能的感觉。动物需要的性质和内容导致动物用以满足自身需要的东西只能是自在的自然界中某些现成的、固定不变的自然物，动物与周围环境的关系是纯粹的自然界内部的关系，即纯自然的关系。这种关系和状况也决定着动物在满足自己需要的活动中，表现出以下特征：既不可能也不需要自觉意识自己需要什么和如何满足需要的问题，只需盲目寻找基本固定的现成物；既不可能也不需要主动去作用周围世界，只需被动地等待大自然的恩赐；既不可能也不需要改变既定环境、重新创造一个新的环境，只需消极地适应环境。当代著名心理学家弗洛姆就对动物的活动做了这样的评价："动物适应环境的模式是一成不变的；如果动物的本能平衡不能有效地应付变化着的环境，这类动物就会绝种。动物能通过自体改变来顺应变化着的环境条件，而不是全面地改变环境条件。靠这种方式，动物和谐地生活着。……动物要么顺应环境，要么绝种。"① 弗洛姆的评价是客观合理的，动物的需要内在地决定着动物满足自身需要的活动只能是一种消极、被动、盲目的自然性适应活动。

而人的需要和满足需要的活动则不同。从性质和内容上看，人的需要已突破了直接肉体生命的限制，呈现鲜明的社会性；人确实有生理性的自然需要，但更重要的是人有独特的社会性需要，社会性需要是人的需要的主体部分，并且随着人和社会的发展，人的自然需要已越来越多地打上了

---

① 〔美〕亚伯拉罕·马斯洛等：《人的潜能和价值》，华夏出版社，1987，第 103 页。

社会性的印记。同时，人的需要也超越了纯粹物欲的界限，具有复杂性、丰富性和多层次性。人既有物质性的需要，又有精神性的需要，既有低层次的需要，又有高层次的需要，这些需要相互渗透、相互交融。人的需要还是动态的，具有不断拓展、深化的性质。人作为有意识的存在物，既能自觉意识自己的需要，又能自觉意识需要的对象，并将二者联系起来，形成自觉的活动目的。人的需要的社会性、复杂性、丰富性、多层次性、不断拓展深化性和自觉意识性等，导致人用于满足自己需要的对象物基本上是外部世界既不会自然存在也不会自然产生的东西，即纯粹自在的外部世界不会并且也不可能以现成的状态来自动满足人的需要。这样，一方面，人的生存和发展需要外部世界来满足自己的需要；另一方面，外部世界又永远不可能自然满足人的需要，从而构成了人与外部世界"应有"和"现有"的矛盾，而且这一矛盾是在纯自然的范围内永远无法自然解决的矛盾。然而人要想作为真正的、现实的人而生存、而发展，就必须要解决这一矛盾。人正是为了解决自己与外部世界"应有"和"现有"的矛盾，从而通过自己有意识有目的的自觉能动活动作用于外部世界，使外界物按照人的需要对象化，使"自在之物"变成"为我之物"。可见，人的活动不过是满足人的需要的手段，人的需要必然作为内在的动因促使人去从事活动，并且从事的是与动物活动有着根本区别的、"属人"的和"为人"的自觉能动活动。虚拟性活动作为人的活动的新的形态同样如此，其也是满足人的需要的手段，只不过是满足新的历史条件下新的需要的新手段而已。

人的需要必然导致人的活动，人的需要的发展必然导致人的活动的发展，人的需要的重大变革也必然导致人的活动形态的重大变革。可以说，虚拟性活动这种人的新的活动形态的形成，正是人的需要在新的历史条件下发生革命性变革的必然产物。

人的需要是动态的，具有不满足现有条件、要求突破现有条件而日益丰富、无限发展的特性。发展是必然的，只是在不同的历史条件下发展的状态不同而已。人类产生、人类社会形成以后，人的需要的发展与人的活动的发展就是相依相伴、相互作用、共同向前的，我们从人类技术社会形态的演变发展过程就能看到这一点。

在原始渔猎社会，通过制造和使用工具而实现了人猿揖别的人类有了自己属人的需要，也有了自己属人的活动。但刚从动物界中提升出来的人类，意识处于形成阶段，对象意识与自我意识尚未完全区分开来，认识能力、活动水平极为低下，生存条件极为恶劣，人的需要也主要是物质性的生存需要，精神性的需要还处于萌芽时期，与此需要相适应的活动也主要是非常简单原始的捕鱼、狩猎、采集等活动，作用对象单一，所制作和使用的石刀、石斧、木棍、鱼叉等工具非常粗糙，活动效率也很低下。到了原始渔猎社会的中后期，特别是后期，随着意识能力的增强和认识水平的提高，人类在逐步深化对自然认识的前提下对自己有了进一步的认识，对自己与自然的关系也有了进一步的认识，朴素的科学意识逐渐形成，与生产相关的技术得以发展，尤其是工具制作技术水平有所提高。在此条件下，人的需要有所丰富、拓展，人的活动能力有所增强、活动对象有所增多、活动工具有所改进、活动效率有所提高。

到了古代农业社会，人的认识水平和生产力水平进一步提高，社会产业实现了从捕鱼、狩猎、采集等向农业、畜牧业的过渡，改变了原始渔猎社会时期食物来源的不稳定性，进入靠人工控制动植物的生长和繁衍来取得生活资料的时代。随着社会生产的发展和体力劳动与脑力劳动的分工，天文学、数学、农学以及哲学、艺术、宗教等得以形成和发展，标志着人对自然的认识、对自身的认识进一步深化，也标志着人的需要从较为简单的生存需要、物质需要向发展需要、精神需要的扩展。与此相适应，人的认识能力、实践能力有了明显提高，工具有了明显改进，对自然的作用力有了明显增强，扩大了活动领域，拓展了活动对象。人类由以直接利用自然为主的阶段逐步过渡到以改造自然为主的阶段，人的需要和人的活动得到了较大的发展。

到了近代工业社会，科学技术迅猛发展，生产力水平明显提高，人的需要和人的活动也发展到了新的阶段。科学从中世纪神学的束缚下解放出来，获得了较为全面的发展，引起了近代的科学革命和技术革命。这一时期，科学特别是技术的革命导致了产业的革命，先后爆发了以力学为基础、以蒸汽技术为标志、以机器大工业为特征的第一次工业革命和以电磁理论为基础、以电气技术为标志、以电气工业为特征的第二次工业革命，极大地解放和发展了生产力，使人类文明从农业文明过渡到工业文明。科学技术的重大进步和生产力的快速发展也为人的需要、人的活动的发展创造了良好的条件。人的需要在内容上越来越丰富，在形式上越来越多样，人的活动从手工时代推进到了机器时代、电气时代，活动的效率越来越高，创造的社会财富越来越多，人生存和发展的条件越来越好。

到了现代信息社会，科技革命的浪潮冲击着自然、社会，也冲击着人和人的需要、人的活动，使人的需要、人的活动发生了革命性的演变。随着当代科技革命的兴起，科学技术已成为第一生产力，成为引导未来发展的主导力量，它不仅使人的思想观念、生产生活方式等发生了重大变革，而且有力地推动了人的需要的发展。无论是从量上看还是从质上看，当代科学技术的广泛运用对人的需要的发展都发挥了极为重要的作用。当代科学技术作为第一生产力运用于生产过程，与生产要素相结合，必然促进社会生产力的快速发展和社会财富的显著增长，从而为人的需要的发展奠定了物质基础；同时，在科学技术的作用下，社会生产力的快速发展和社会财富的显著增长又引起了人的需要的内容、结构、性质等的重大变化，使人们从注重物质需要向更为注重精神需要转化，从注重生存需要向更为注重发展需要转化，从注重数量增长向更为注重需要结构优化转化，从注重现实性需要向更为注重现实与超现实相结合的理想性需要转化。

人的需要的丰富发展和重大变化，必然要寻求新的满足途径和方式，因此，基于当代科技革命的浪潮，人在新的历史条件下所形成的新的需要推动着计算机技术、信息技术、网络技术、虚拟现实技术等的迅猛发展，催生了虚拟社会，拓展了活动空间，新增了活动途径，变革了活动方式，使人的活动向着以"数字化符号"为中介的虚拟化方向发展，使在虚拟空间中进行的虚拟性活动成为人的活动的新的形态，使满足人的更为丰富的精神需要、更为个性化的发展需要、更为构成复杂的立体型需要、更为超现实的理想需要的活动方式发生了重大的、深刻的变化，使上述需要的满足从可能性变成了现实性。由此可见，虚拟性活动始终是满足人的需要的手段，人的需要的发展是虚拟性活动兴起、发展的内在动因和根据。

概括起来，人的需要的发展为人的虚拟性活动的现实进行所提供的内在动力机制的主要作用是：其一，为虚拟性活动的现实进行提供了价值目标。从根本上说，人的活动的价值就是对人生存发展的意义，就是满足人生存发展的需要。随着人的发展和社会的进步，人的需要也越来越丰富、越来越高级，呈现一系列具有对应关系的辩证性质，如既有物质性又有精神性，既有稳定性又有超越性，既有求实性又有理想性，既有现实性又有虚拟性。并且，人类越发展、社会越进步，这些辩证性质就显得越明显，特别是到了现代信息社会，精神性、超越性、理想性、虚拟性的需求就显得越突出，以致单一物理世界里的现实性活动已无法满足人的需要的新发展，因此，人的需要的新发展也为人的活动的新发展提出了新的价值目标，需要活动从物理世界拓展到虚拟世界，形成虚拟性活动来满足人的新需要，这也是虚拟性活动得以出现的深刻根源。可以说，没有当代人的需要的新发展所提供的新的价值目标，虚拟性活动也不可能兴起。其二，为虚拟性活动的现实进行提供了内驱动力。人的需要既蕴含着人对外部世界的依赖性、受动性，又蕴含着人对外部世界的能动性、主动性，人为了自己的生存发展，需要什么、缺乏什么就必然会去积极主动地追求什么，并通过自己的能动活动来实现这样的追求。当原有的活动形态已不能满足自己丰富发展了的需要时，人必然要通过创新活动形态来满足新的需要，人必须这样做，也能够这样做，人的发展史、人的活动发展史已证明了这一点。正是人的需要在当代的新发展，致使物理世界的现实性活动已不能满足其需要，才促进了计算机技术、信息技术、网络技术、虚拟现实技术等的发展，才催生了网络世界，才导致了人的活动形态的变革，形成了以"数字化符号"为中介的虚拟性活动。离开了人的需要在当代丰富发展这一内驱动力，人的活动形态也不会变革，虚拟性活动也不会兴起。因此，没有人的需要的发展，特别是没有人的需要在当今时代的新发展及上述作用，就不会有满足新需要的手段——人的活动的创新，也不会有虚拟性活动这一人类活动的新形态。

二 科学技术的进步是虚拟性活动现实进行的外在技术机制

我们要探讨科学技术对虚拟性活动这一人的新的活动形态的重要作用，弄清为什么当代科学技术的进步是虚拟性活动现实进行的外在技术机制,就必须首先分析何为科学技术,科学技术与人、人的活动到底是什么关系。

"科学技术"实际上是"科学"与"技术"的统称,在人类知识体系的构成上,"科学"与"技术"应该是两个不同的范畴,但作为人类智慧的结晶,"科学"与"技术"又是关系密切的两个范畴,它们既有区别又有联系。

作为不同的范畴,科学与技术具有多方面的区别。从内容的视角看,科学是人对客观世界的理性认知,是反映客观事实和规律的知识体系,技术是实践经验的物化和科学知识的运用,是依据实践经验和科学原理创造出来的物质手段(如工具、机器设备、仪器仪表等)以及操作的经验、方法、技能、技巧等。从知识的视角看,科学是理论形态的知识,技术则是操作形态的知识。从形成的视角看,科学形成的过程主要是从实践到理论,技术形成的过程主要是从理论到实践。从目的的视角看,科学的直接目的是认识世界,技术的直接目的是改造世界。从任务的视角看,科学的任务是揭示自然、社会、思维发展的客观规律性,主要解决"是什么"和"为什么"之类的问题,而技术的任务是利用客观规律为人类服务,提供的则是"怎么做"和"怎么做好"等方面的手段和知识。从方法的视角看,科学在于发现,技术在于发明。发现是揭示自然界本来就存在的东西,而发明则是要创造出自然界并不现成存在的东西。作为发现活动的科学,其所用的方法主要包括观察、试验、收集与整理感性材料、提出假设、进行逻辑推理和验证等,而作为发明活动的技术,其所用的方法主要有设计、模拟、类比、试验、制作、标准化、程序化等。从评价的视角看,对科学的评价标准是理论与实验事实的符合性、逻辑性及理论的先进性、准确性、真理性,而对技术的评价标准则是与实践需要的适应性、契合度及其功能上的实用性、可行性、经济性、效用性。由于科学与技术存在着这些区别,我们不能把它们完全等同起来,看作内涵一致、没有差异的范畴。

同为人类智慧的结晶,科学与技术又有密切的联系。因为科学发现与技术发明的根本目的和基本任务就是认识世界与改造世界,而认识世界与改造世界本身就是紧紧相连、密不可分的。人为了更好地生存和发展,就必须既认识世界又改造世界，从而使世界通过人的认识、实践活动对象化，真正成为符合人生存和发展需要的"人化世界"。可见，科学与技术的这种联系是内在的联系、有机的联系。概括起来，科学与技术的联系主要表现在以下几个方面。其一，科学与技术是相互渗透的。在人类认识的发展和知识的增长过程中，没有离开技术的纯粹科学，也没有离开科学的纯粹技术，总是科学之中有技术，技术之中也有科学，这也是科学技术的发展能实现科学技术化和技术科学化的内在依据。其二，科学与技术是相互作用的。在人类文明的进程中，科学与技术是相生相伴的，作用也是双向的，科学的进步是技术发展的知识源泉，技术的需要是科学发展的重要动力，科学研究要以技术研发作为基础，技术研发要以科学理论作为指导，随着科学技术的发展，它们的相互作用已表现得越来越突出。其三，科学与技术是共同发展的。在科技发展史上，科学的发展与技术的发展是互动的，也是互为因果的。科学与技术的相互渗透、相互作用，科学技术化和技术科学化，科学理论对技术的指导作用和技术研发对科学的基础作用，也必然导致它们的相互促进、共同发展，当今科学技术一体化的发展正是它们相互促进、共同发展的必然结果。从它们的目的、任务和对人的意义上看，认识世界和改造世界的最终目的是更好地满足人类生存和发展的需要，只有正确地认识世界才能成功地改造世界，只有成功地改造世界才能促进人们更为深刻地认识世界，而更为深刻地认识世界又能指导人们更为有效地改造世界，即认识世界和改造世界也是相互促进、共同发展的。也正因为科学与技术有着密切的联系，人们才常常用"科学技术"来统称它们，特别是在科学技术一体化的今天，科学与技术更是不能截然分开。这种科学技术的一体化，也体现了科学与技术的根本目的、基本任务和价值目标具有共通性和一致性。

从以上对科学与技术及其关系的分析可以看出，科学技术与人，特别是与人的活动有着密不可分的、内在的联系。这种联系也表明，科学技术是人的本质力量的展现，是人的活动的能动性、创造性的凸显，是人类社会发展和文明进步的产物。

之所以说科学技术与人有着内在的联系，不仅在于科学技术是人类社会的存在物，是随着人类的诞生而产生的，而且还在于科学技术是属人的，也是为人的。应该看到，从本质上说，科学技术是人的智慧的体现，也是人认识世界和改造世界的精神力量和物质力量，人是科学技术的现实载体，没有人就没有科学技术，更谈不上科学技术的进步；还应该看到，科学技术是为人的工具和手段，科学技术的价值和意义就在于其能更好地保障人的生存和促进人的发展。因此，科学技术具有显著的属人性和为人性。也正因为科学技术是属人的、为人的，对人的生存发展具有重要的价值和意义，人类才会孜孜不倦地、世代相继地从事科学研究和技术研发，不断形成新的科学发现和新的技术发明，从而推动着科学技术的不断进步。

  之所以说科学技术特别是与人的活动有着内在的联系，就在于，现实的人总是动态的、活动着的人，人的活动是人存在和发展的根本方式，科学技术与人的内在联系，实质上是与人的活动的内在联系，并且通过与人的活动的内在联系体现出来。从根本上讲，科学技术既是人的活动的特殊形态，也是人的活动的特殊产物。之所以说科学技术是人的活动的特殊形态，是因为科学发现的过程和技术发明的过程本身就是人的活动的过程，是科学发现者和技术发明者在从事的科学研究和技术研发活动，它们是人的活动的重要组成部分，也是人的活动的特殊形态，其活动结果不是产出能直接满足人生存和发展需要的物品，而是形成了理论形态的科学和操作形态的技术。之所以说科学技术是人的活动的特殊产物，是因为科学技术只能形成于人的活动过程之中，是人的创造力的具体体现，也是人认识世界和改造世界的智力成果和智慧结晶。这一成果、结晶一旦形成，又会成为人进一步认识世界和改造世界的强大的精神力量和物质力量，推动着人的活动向前发展；而人的活动的发展又会导致科学与技术的新发现、新发明、新突破，推动着科学技术的进步。从这一意义上讲，人的活动对科学技术的产生和进步有着重要的作用，科学技术的进步依赖于人的活动，离不开人的活动。

  概括起来，人的活动对科技进步的作用主要表现在以下三个方面。

  第一，从内在根据上看，人的活动为科技进步提供了现实的目标。科学技术始终是人满足自身需要的一种工具，科学技术的价值和意义，就是更好地保障人的生存和促进人的发展。满足人生存和发展的需要，是科技术进步的内在动力，也是科学技术进步的价值目标。我们知道，科学技术是认识世界和改造世界的精神力量和物质力量，但它们本身不是能直接满足人生存和发展需要的精神产品和物质产品，其价值的实现、作用的发挥必须依赖人的活动，通过渗透到人的活动中从而更好、更有效地创造出人所需要的现实产品。人的活动是满足人的需要的直接的、现实的手段，人的需要最终也只能通过人的活动才能得到现实的满足，满足人的需要始终是人的活动的目的、目标，这一目的、目标体现在每一次活动中，也贯穿于人类活动发展的全过程。因此，科学技术的进步只有适应人的活动的发展要求，价值追求符合人的活动的目的、目标，其进步的作用和意义才能充分体现出来、展示出来。从这一意义上讲，人的需要决定着人的活动目的、目标，人的活动的目的、目标又决定着科学技术的目标，前者的发展也决定着后者的发展。我们知道，人的需要的发展是必然的，其必然性表现在：其一，从需要的主体即人来看，人作为自然的存在物是世代延续的，作为社会的存在物又是随着社会的发展而不断发展的，那么人的需要作为人的本性，作为人的生命力和活力的直接表现，也必然是世代延续和不断发展的。其二，从需要的性质来看，虽然人的需要受到一定的社会历史条件的制约，但人的需要本身就包含着对既定条件的不满足，它具有一种不满足于既定条件、要求超越既定条件而不断发展的要求，并力求使这种要求变为现实。人是能动的、具有创造性的存在物，人的需要也做到了既受既定条件的制约又能突破既定条件的制约，表现出不断发展的特性。其三，从需要的满足来看，人的任何需要的满足都只是相对的满足，原有的需要满足了又会产生新的需要，低层次的需要满足了又会产生高层次的需要。人的需要的发展必然推动人的活动的发展，导致新的活动目的、目标的形成，而活动的发展、目的目标的发展就是认识和改造更广范围、更深层次的外界物，从而也为认识世界的科学发现和改造世界的技术发明提供了新的、现实的目标，推动着科学技术的进步。可以说，没有人的需要范围的扩大、种类的增多、层次的提高，就没有人的活动向广度和深度的发展，也没有科学技术向宏观和微观的双向推进，也不会从陆地拓展到太空和海洋。

第二，从实现进程上看，人的活动为科技进步提供了现实的途径。科学技术既是人的活动的形态，又是人的活动的产物，其形成离不开人的活动，其发展进步也离不开人的活动，人的活动既是科学技术形成的现实途径，也是科学技术发展进步的现实途径。人类社会的一切事物，都与人的活动直接相关，都是人的活动的结晶和产物，科学技术也不例外。从形式上看，科学技术活动也是人的一种活动形态，科学发现和技术发明的过程就是人的活动过程，是作为活动主体的科学家和技术发明家运用有形的仪器、设备设施和无形的方式、方法等中介，创造性地作用于活动对象从而形成科学发现和技术发明的过程。没有人的活动，就不会有科学技术。从过程上看，科学技术也只能形成于人的活动中，离不开人的认识和实践。如科学是从实践到认识，从物质到精神，通过扬弃经验上升为理论，其研究过程探索性强，相对不稳定，选题虽与人类的需要相关，但自由度较大，活动有较明显的个体性，成果具有不可预见性，什么时间、什么地点、以什么方式实现什么突破等，一般来说是不可具体预见的，某种研究所需要耗费的时间和成本也难以精确估算；技术则主要是从认识到实践，从精神到物质，依据科学原理形成操作性的物质手段，其研发过程目标性强，相对较确定，选题往往与生产直接相关，约束性较大，其成果相对于科学发现而言，易于预见。虽然科学发现和技术发明的活动方向不同，各有自己的特点，但都离不开认识世界和改造世界的活动，都是人的活动的产物却是共同的、一致的。从一定意义上说，科学技术的形成过程与科学技术的发展进步过程是一致的，即科学技术既形成于认识和实践过程中，也发展进步于认识和实践过程中。正是通过认识和实践，人们在科学研究中形成新发现，在技术研发中形成新发明。也只有通过认识和实践，科学技术的发展进步才能从可能性变为现实性。可以说，没有人类认识和实践活动向海洋的延伸，就不会有海洋生态科学、海洋环境科学、海洋及海底构造力学及海洋生物技术、海洋信息技术、海洋渔牧技术、深海基因开发技术、天然气水合物资源勘探技术等的兴起和发展；没有人类认识和实践活动向宇宙空间的拓展，也不会有空间科技的进步，更谈不上人造卫星、宇宙飞船、太空探测器等。

第三，从载体构建上看，人的活动为科技进步提供了现实的条件。科学技术的进步是需要条件的，这些条件也是科学技术进步的现实基础。科学技术进步所需要的条件，既有硬件性的条件，也有软件性的条件。硬件性的条件主要包括必要的工具、仪器仪表、设备设施等。科学技术的进步是离不开这些实体性的物质工具和手段的，它们是科学技术进步的中介和物质基础，如没有粒子加速器、对撞机等，人们不可能发现基本粒子；没有各式各样的宇宙飞船、太空探测器，空间科技的发展也只能是空想。这些物质手段不是自然界现成存在的自然物，而是通过人的活动创造出来的人工物。虽然在这些物质手段的研发过程中渗透着科学技术的作用，包含着科学技术的因素，但科学技术本身是不能直接创造出这些物质手段来的，只有人的实践活动才能使它们从观念形态变为物质形态，这是不容置疑的事实。科学技术进步的软件性条件应包括人的能力、经验和方法等，而这些条件都与人的活动直接相关。人的能力是人的活动的能力，必须通过人的活动才能发挥出来、显现出来，也只有通过人的活动才能得到锻炼、提高。而科学发现和技术发明的过程实质上就是人的能力特别是创新能力的发挥过程，科学发现和技术发明就是人的能力特别是人的创新能力发挥的结果，人的能力的大小、创新能力的高低直接制约着科学技术的发展水平，二者之间是正相关的关系。成功的经验是在人的活动特别是实践中总结、积累的，科学的方法也是在人的活动特别是实践中形成、完善的，而成功的经验和科学的方法也是科学技术进步必不可少的条件。没有成功的经验作为研究、研发的基础，没有掌握科学的方法，要想获得新的科学发现和技术发明，也只能是空想、空谈。总之，没有人的活动所创造、所提供的现实条件，科学技术的发展进步就难以实现。

科学技术是人的活动的产物，人的活动推动着科学技术的进步，其进步既包括量变也包括质变，量变是科学技术的渐进过程，而质变则是科学技术的飞跃阶段，是科学技术的革命。可以说，人类历史上的科学技术革命，都是人的活动的结晶，并且是通过人的活动而形成的智慧的结晶，当代科学技术革命也不例外。从这一意义上讲，科学技术革命不仅是科学发现、技术发明的革命，而且也是人类思想认识的革命和人类活动方式方法的革命。

我们还应该看到，科学技术的进步与人的活动的关系是辩证的，作用是双向的。科学技术一旦形成，就成了人类认识世界和改造世界的强大精神力量和物质力量，对人的活动的演变产生重大的影响，推动着人的活动向前发展，我们从人类技术社会形态的演变发展过程也能清楚地看到这一点。

在人猿揖别后形成的原始渔猎社会早期，人类虽然有了属人的意识，虽然开始了自己区别于动物的属人的活动，但毕竟刚从动物界中提升出来，"意识起初只是对直接的可感知的环境的一种意识，是对处于开始意识到自身的个人之外的其他人和其他物的狭隘联系的一种意识"。① 即此时人的意识还处于初级阶段，而且主要是对周围环境的初浅的、以感性为主的认识，对象意识与自我意识尚未明确区分开来，更谈不上形成科技意识了。因而，这时的人类虽然从事的也是属人的活动，活动的基本要素即活动主体、活动客体和活动工具已初步形成，但活动主体是缺乏科技意识和主体意识的主体，主体性不明显，主体的地位也很低下，活动客体即对象也主要是以自然形态存在的自然物，如鱼、野兽、植物果实等，工具也是经过简单加工而非常粗糙的石刀石斧、木棍鱼叉等，为此，人的活动是极为简单的，主要是捕鱼、狩猎、采集果实等，处于直接利用自然物的阶段。到了原始渔猎社会的中后期，特别是后期，随着人的逐步发展和社会的逐渐进步，人的认识水平和实践能力有所提高，朴素的科学意识开始萌芽，与生产相关的技术逐渐产生，从而使人的主体意识得以增强，主体地位得以凸显，活动能力和对自然的利用力有了较为明显的提高；活动对象的范围得以扩大，种类得以增多，逐步实现着从直接利用自然物向改造自然物的过渡；工具制作技术水平得以提高，以青铜器工具为标志的金属工具的出现，使人对自然的作用力进一步增强。这些发展具有重要的意义，它们为农业文明的兴起奠定了现实基础。

到了古代农业社会，随着生产力的发展和人的思维能力、思维水平的提高，体力劳动与脑力劳动的分工，人对自然、对自身的认识得到了深化，特别是对自然物内在的性质、功能和对自己发展性的、精神性的需要等有了一定的理性认知，使与生产相关的天文学、农学、数学等得以兴起，使与人自身发展性、精神性需要相关的艺术、哲学、宗教等得以出

---

① 《马克思恩格斯选集》第1卷，人民出版社，1995，第81页。

现，金属冶炼特别是铁的冶炼和铁器的制作技术被广泛应用，陶器的制作技术逐渐成熟。科学技术的形成和发展，也必然推动着人的活动的发展。社会产业所实现的从捕鱼、狩猎、采集向农业、畜牧业的转化，实质上体现着人的活动状态的变革，标志着人的活动迈上了新的台阶。事实也确实如此，此时，作为主体的人发生了重要的变化，认识能力、实践能力明显提高，科技意识逐渐形成，主体意识进一步增强，主体地位进一步提升；活动对象从自然形式的自然物拓展到了经过一定加工的自然物，从现成的野生动植物拓展到了人工种植、养殖的农作物和家畜，从石头、树枝拓展到了金属、陶器等；生产工具也有了变革，制作工具的原材料已从地上发展到了地下，如铁矿石等，并且还是人工加工过的金属材料，工具的种类适应着种植、养殖的需要而呈现多样化的趋势，工具的性能也在优化，如更加锋利，更加耐磨、耐用等。活动要素的变革深刻地体现着活动状态的变革，而这种变革与人的发展、社会的发展密不可分，尤其与古代农业社会科学技术的形成和发展密不可分。

近代工业社会时代也是科学与技术大发展的时代。文艺复兴运动使人冲破了宗教神学的束缚而获得了思想的解放，为科学与技术的发展营造了良好的社会环境和氛围。天文学、力学、数学、物理学、化学、生物学、地理学等学科得到了迅速发展，取得了一系列的重要成就。特别是近代科学注重用实验方法和数学手段研究自然界，并从经验定律上升为系统的理论，在相关领域建立起了较为严密的科学理论体系。蒸汽技术的应用和蒸汽机的诞生，宣告了第一次工业革命的到来，而电气技术的应用和工业的电气化，又导致了第二次工业革命。这些新的科学发现和新的技术发明，使人类文明从农业文明过渡到工业文明，也使人的活动从手工时代推进到了机器时代、电气时代。近代科学技术的重大进步，使人的活动要素均实现了重大变化。人对自然界的认识、对自身的认识越来越深刻，科技素质越来越高，主体地位越来越突出，改造自然的能力越来越强，作用的效率越来越高；活动客体的范围越来越大，种类越来越多，人工客体的比例明显增加，客体的利用层次明显加深，主体作用的区域已向全球拓展；这一时期所制造的工具，如大型机床、蒸汽机、内燃机、发电机、汽车、火车、电话机、电报机等，无论是从制造它们的原材料、制作的工艺上看，还是从它们的种类、性能、功能上看，都是农业社会不可比拟的，它们是工业文明发展的标志，也是近代科学技术进步和人的活动进步的结晶。

以信息科技为标志的当代科技革命在全球的蓬勃兴起，标志着人类实现了从近代工业社会向现代信息社会的历史性跨越。从20世纪中叶开始，特别是进入21世纪以后，新的科学发现、新的技术发明及重大集成创新不断涌现，学科交叉融合进一步发展，科学与技术不断更新，科学传播、技术转移和规模产业化的速度越来越快。已成为第一生产力的当代科学技术，在经济社会发展和人类文明进程中发挥了更加明显的基础性和带动性作用。当代科学技术的发展，使社会生活的方方面面发生了巨大而深刻的变化，也使人的需要、人的活动发生了巨大而深刻的变化。当代科学技术同样是人的活动的产物，是人的活动的特殊要素和特殊工具，是作为活动主体的人用来作用于活动客体以满足自身生存和发展需要的重要中介系统。因此，作为特殊要素、特殊工具和重要中介系统的科学技术，是人的本质力量的对象化和物化，而这种已经被对象化和物化的科学技术又会反过来增强人的本质力量，优化人的需要和人的活动，推动着人的需要和人的活动向前发展，成为人的需要、人的活动发展的重要动力。事实也是如此，当代科学技术的进步既有力地推动着人的需要的发展，又有力地推动着人的活动的发展。如前所述，当代科技革命既推动着人的需要的重大变化和新的发展，使人形成了更为丰富的精神需要、更为个性化的发展需要、更为构成复杂的立体型需要、更为超现实的理想需要等，又会促使人们不断地从事科学研究和技术发明，并运用新的科学发现和新的技术发明来创造新的工具，以克服自己生理器官的自然局限性，延伸自己的器官，强化自己的机能，提高自己的活动能力，从而创造出新的活动产物来满足自己新的需要。

现实的科学技术也做到了这一点。在当代，科学技术的发展，特别是建立在科学理论基础上的计算机技术、信息技术、网络技术、虚拟现实技术等的迅猛发展，催生了虚拟社会，改变了人类传统的现实性活动形态，推动着人的活动的构成系统、基本形式、主要环节及活动时空、活动条件等向着以"数字化符号"为中介的虚拟化的方向发展，为人潜在的虚拟特性的显性发挥提供了动力，也为人的虚拟性活动的出现建构了高科技载体,从而改变了人的活动方式,拓展了人的活动领域,导致了人的虚拟性活动的诞生,为满足人的新的需要创造了新的形态。虚拟性活动的出现改变了人们的思维方式、认识模式和实践行为,创造了丰富多彩、虚实相生的虚拟社会,开创了人类发展和社会文明的新纪元,同时也为科学技术的进一步发展提供了新的平台。可以说,人的虚拟性活动是现实性活动的拓展、延伸和创新,是当代科学技术的创造性运用,体现了人扬弃自我、追求发展、实现超越的自由自觉全面发展的类本质。没有当代科学技术的进步,没有相应的技术机制支撑,人的虚拟性活动就不可能发生发展,科学技术的进步确实是人的虚拟性活动现实进行的强大的外在技术机制。

概括起来,当代科学技术的进步为人的虚拟性活动的现实进行所提供的外在技术机制的主要作用是:其一,构建了虚拟性活动的活动场域——虚拟社会,使人的活动从物理的世界延伸到虚拟的世界,使虚拟性活动的现实进行具有了新型的存在形式,使人的潜在的虚拟特性的显性发挥具有了新型的载体,体现了虚拟性活动的虚实交融性、超越现实性,极大地拓展了人的活动的作用领域和选择面;其二,提供了虚拟性活动的技术平台——网络系统,使人们可以在网络所及的任何地方、网络畅通的任何时间从事虚拟性的活动,突破了物理空间和物理时间的限制,体现了虚拟性活动的便捷性、即时性,极大地提高了人的活动的自由度和开放度;其三,形成了虚拟性活动的活动中介——数字符号,使虚拟性活动的构成要素、基本形式、主要环节等都转化为数字符号,既便于操作调控,又便于存储传送,还便于复制共享,体现了虚拟性活动的创造性、创新性,极大地提升了人的活动的功能和价值。可以说,离开了当代科学技术的进步,离开了当代科技进步所发挥的上述作用,也不会有人的虚拟性活动的兴起和发展。

三 人的需要、科学技术、虚拟性活动相互作用、共同发展

从发展过程上看,人的需要、科学技术、虚拟性活动作为人的本性、人的智慧结晶、人的存在发展方式,作为人的有机构成要素,三者也是相互作用、共同发展的。而人的需要、科学技术、虚拟性活动之所以是相互

作用、共同发展的，首先在于，它们都与现实的人直接相关，是人生存和发展的现状、矛盾、解决方式的具体体现，即它们都与人的生存和发展具有密不可分的内在联系。

一方面，人的需要与科学技术、虚拟性活动一样，都与现实的人直接相关，都同人的生存发展密不可分，因而能在离不开后者的前提下作用于后者，实现共同发展。人的需要直接体现着人生存和发展的现实匮乏状态，人有需要，表明人的生存和发展还缺乏某些东西，必须依赖这些东西，如果离开了这些东西，人就不能作为真正的、现实的人而生存和发展了。如前所述，人所需要的对象基本上不存在于人自身，而是存在于人之外的外部世界，因此，人的需要也体现了人对外部世界的依赖状态。可以说，对外部世界的依赖是人生存和发展的永恒前提。但人生存和发展的需要是一个复杂多样、日益丰富和无限发展的动态开放系统，纯粹自在的外部世界不可能以现成的状态来自动满足人生存和发展的需要，从而构成了人与外部世界"应有"与"现有"的矛盾状态，这一矛盾状态是在纯自然的范围内永远无法自然解决的。然而人要想作为真正的、现实的人而生存和发展，又必须解决这一矛盾，克服这一状态。应该看到，人的需要不仅是人对其生存和发展所需东西的必然依赖，同时也是对这些东西的自觉追求，即人的需要既包含着对外部世界的必然依赖性，又包含着对外部世界的自觉能动性。如果说人的需要体现着人的生存和发展缺乏某些东西的状态的话，那么，这种状态也内在地蕴含着人自觉地摆脱、克服这种状态的状态。人作为一种有意识的生命存在物，需要什么、缺少什么就必须也必然要去主动地追求什么，这也是人与动物的重要区别之处。所以，人对外部世界的"必然依赖性"与"自觉能动性"，也体现出了人是受动与主动相统一的能动存在物。人要想作为真正的、现实的人而生存和发展，要想使自己的需要得以满足，获得既存在于外部世界而外部世界又不现成存在的东西，就必须变依赖为能动，从环境中分离出来，作为一种独立自为的主体与外部世界对立，把外部世界作为自己作用的对象，使外部世界从"现有"的自在状态变为对人有用的"应有"状态，实现外部世界与人的统一，使外部世界服从和符合人的需要。可见，人要想使自己生存和发展的需要得以满足，解决人与外部世界的矛盾，实现人与外部世界的对立统一，就必须通过自己自觉能动的活动去作用外部世界、改造外部世界，就离不开人的活动，必须依靠人的活动的作用。而要想有效地作用、改造外部世界，又必须科学地认识外部世界，把握外部世界的规律，在尊重外部世界规律的前提下利用好外部世界的规律，这就需要有人们在认识世界和改造世界的过程中所形成的理论形态之科学与操作形态之技术，需要发挥科学技术的作用。并且人的需要是动态的需要、变化的需要，即人的需要是不断发展的，这也会既要求又促进科学技术、人的活动不断发展。从一定意义上说，正是当代人的需要的不断丰富和日益拓展，才促使当代科技革命的发生和虚拟性活动的兴起，而当代科技革命的发生、人的虚拟性活动的兴起也反映、适应和推动了当代人的需要的新发展。可见，人的需要与科学技术、虚拟性活动的发展具有内在的一致性，这种内在的一致性是与人的生存发展密切相关的一致性，也是相互依存、相互作用状态中的一致性。

另一方面，科学技术与人的需要、虚拟性活动一样，也都与现实的人直接相关，都同人的生存发展密不可分，因而能在离不开后者的前提下作用后者，实现共同发展。从动因上说，科学技术就是适应人生存和发展的需要而形成、发展的；从价值上说，科学技术的意义就在于其能服务于人生存和发展的需要；从功能上说，科学技术是人认识世界和改造世界的强大精神力量和物质力量，这也是肯定其对满足人生存和发展的重要作用。人类社会的发展史也充分证明了上述事实。在以生存需要为主体的原始渔猎社会早期，人类刚从动物界中提升出来，最直接的需要就是维持生命和繁衍后代，生产是用粗糙的工具获取自然物，加之人的意识正在形成，认识水平较为低下，对周围环境的认知只能是以感性为主，停留在外部现象上，虽然为透过现象把握本质提供了前提，但毕竟还没有透过现象，科技意识不可能形成。到了原始渔猎社会的中后期，特别是后期，人的需要从生存需要向发展需要、从物质需要向精神需要在逐渐拓展，人对自己、对自然的认识在逐步深化，朴素的科学意识在逐步萌芽，与生产相关的技术在逐渐形成，从而使生产工具在逐渐优化，生产效率在逐渐提高，为农业文明的兴起奠定了相应的基础。人类进入古代农业社会后，社会产业从捕鱼、狩猎、采集向农业、畜牧业的转化，改变了生活资料的不稳定性，发展性的、精神性的需要得以凸显，与满足物质需要的生产相关的科学如天文学、农学、数学等得以兴起，金属冶炼特别是铁的冶炼和铁器的制作技术以及陶器的制作技术等运用于生产，更是有力地促进了生产的发展，与满足精神需要相关的艺术、哲学、宗教等社会意识形态得以形成和发展，在逐渐丰富了人的物质生活的前提下也逐渐丰富了人的精神生活，使人类文明迈上了新的台阶。到了近代工业社会，人们通过文艺复兴运动冲破中世纪宗教神学的束缚获得思想的解放，建立在实证基础上的天文学、力学、数学、物理学、化学、生物学、地理学等科学得到迅速发展和系统发展，新的科学发现和新的技术发明引发了第一次和第二次工业革命等，从根本上讲，这些都是为了适应人自身的需要，都是为了使人能更好地生存和发展，这也充分体现了科学技术的属人性、为人性。进入现代信息社会，科技革命的浪潮席卷全球，改变着社会生活的方方面面，也为满足人们既立足于现实而又超越现实的理想性的需要搭建起了新的活动平台，使虚拟性活动这一新的活动形态的出现有了坚实的科学技术的支撑，为人潜在的虚拟特性的显性发挥提供了科技动力，从而创造出了丰富多彩、虚实相伴的虚拟社会，开创了人类发展和社会文明的新纪元。可见，科学技术从其诞生之日起，就是人的智慧的结晶，是人更深刻地认知世界和把握世界的智慧结晶，也是人为了更好地认识世界和改造世界而形成的智慧结晶，其价值就在于其能提升人的科技素质、优化人的活动要素、增强人的活动能力、提高人的活动效率，从而更好地解决人与外部世界的矛盾，满足人的需要，使人能以更佳的状态、更优的方式生存和发展。

再一方面，虚拟性活动与人的需要、科学技术一样，依然都与现实的人直接相关，都同人的生存发展密不可分，因而能在离不开后者的前提下作用后者，实现共同发展。虚拟性活动是人的活动形态，但又是一种崭新的活动形态，它既具有人的活动的共性，又具有自己的个性。这种共性与个性也深刻地反映出，虚拟性活动在满足人的需要方面与现实性活动既有共同点又有不同点，在与科学技术的关联度上也表现出了新的状况。就延续性讲，人的虚拟性活动是在现实性活动的基础上发展起来的，必然具有与现实性活动相一致的共性，如从活动性质上看，虚拟性活动与现实性活动一样，都是属人的活动，是人的有意识、有目的的活动；从构成要素上看，虚拟性活动与现实性活动一样，都是由活动主体、活动客体、活动中介相互依存、相互作用构成的动态系统，是三大基本要素组成的有机统一体；从价值取向上看，虚拟性活动与现实性活动一样，都是满足人的需要的手段，是人为了满足自己生存和发展的需要而从事的活动；从活动环节上看，虚拟性活动与现实性活动一样，都包括活动目的、活动展开、活动结果和活动评价，是它们先后连接、依次递进形成的动态过程；等等。就创新性讲，人的虚拟性活动又是有别于现实性活动的新的活动形态，必然具有区别于现实性活动的个性，如活动的空间不一样，现实性活动是在现实的物理空间中进行的，而虚拟性活动是在网络的虚拟空间中进行的；活动的平台不一样，现实性活动虽然也需要科技的支撑，但它的平台是由现实的主体、客体和中介相互联系构建的实体性平台，而虚拟性活动的平台是由计算机技术、信息技术、网络技术、虚拟现实技术等构建的虚拟化平台；活动的主体不一样，现实性活动的主体只能是人，而虚拟性活动的主体既包括人，也包括智能化的机器和程序，形成了新型的主体即人机结合体；活动的客体不一样，现实性活动的客体是现实客观存在的对象物，而虚拟性活动的客体既包括现实的客观存在，又包括抽象的虚拟存在，既包含在现实生活中具有可能性的对象物，又包含在现实生活中曾经不具有可能性的对象物，还包含在未来生活中将具有可能性的对象物；活动中介不一样，现实性活动的中介主要是物理性的工具，而虚拟性活动的中介除物理性的工具外，还需要与数字化的软件程序相结合而形成的智能化的中介系统；活动指向不一样，现实性活动主要指向现实世界，而虚拟性活动不仅指向现实世界，也指向虚拟世界，不仅指向现实的可能性，也指向过去为不可能的可能性，还指向将来的可能性等。从共性可以看出，虚拟性活动也是为了满足人的需要而兴起、发展的，也是属人、为人的活动，也是人的活动的有机组成部分，这是共同的、不变的。从个性则可以看出，虚拟性活动与当代科技的联系更加紧密、更加直接，它本身就是高科技的载体，是人在新的历史时期的新的活动形态，它使人的需要及需要的满足从现实世界延伸到了虚拟世界，从现实状态拓展到了虚拟状态，也使人能在更加丰富多彩、更具理想特色、更为个性化的虚实相生的环境中生存和发展。

人的需要、科学技术、虚拟性活动之所以是相互作用、共同发展的，其次还在于，它们互为因果，既是引起者，又是被引起者，从而共同构成了现代社会发展的新的因果链条。

　　从根源上看，人的需要的发展是科学技术进步和虚拟性活动发展的原因。人的需要是人的本性，是人的本质的重要组成部分，也是人区别于动物的重要标志之一。马克思、恩格斯在创立其理论体系的过程中，认真研究过人的需要，并在批判地继承前人思想的基础上做了科学的阐述。马克思就曾以人的需要与生产的关系为例说明了人的需要是人的活动的动因，他认为，人的需要创造出生产的观念上的内在动机，后者是生产的前提，因此，"没有需要，就没有生产"①。恩格斯也指出，是否以人的需要作为人的行为的动因，是否以人的需要来解释人的行为，是能否坚持彻底唯物主义的重要标志。他说："人们已经习惯于用他们的思维而不是用他们的需要来解释他们的行为（当然，这些需要是反映在头脑中，是进入意识的）。这样，随着时间的推移，便产生了唯心主义的世界观。"② 从根本上说，人的需要是人的一切活动的最终动因，科学技术是人的活动的特殊形态和活动结晶，虚拟性活动也是人的活动的新形态，它们和人的需要的关系也是手段和目的的关系，即人的活动都是满足人的需要的手段，满足人的需要是人从事任何活动的目的，只要现实的人还存在，这种关系就不会改变。如前所述，科学技术既是人的活动的特殊形态，也是人的活动的特殊产物，因为科学发现的过程和技术发明的过程本身就是科技工作者的活动过程，是科学发现者和技术发明者在从事的科学研究和技术研发活动，它们是人的活动的重要组成部分，也是人的活动的特殊形态，其活动结果不是产出能直接满足人生存和发展需要的物品，而是形成了理论形态的科学和操作形态的技术。并且，科学技术只能形成于人的活动过程中，是人的创造力的具体体现，也是人认识世界和改造世界的智慧结晶，形成这种智慧结晶最终就是为了满足人自身的需要，为了人能更好地生存和发展。可以说，没有人的需要及人的需要在当代的新发展，就不会有科学技术及

---

① 《马克思恩格斯选集》第 2 卷，人民出版社，1995，第 9 页。
② 《马克思恩格斯选集》第 4 卷，人民出版社，1995，第 381 页。

科学技术的进步，也不会有当代科技革命的发生、发展。而人的虚拟性活动本身就是人的活动的延伸和创新，同样具有人的活动的共性和人的活动的价值取向，就是为了满足人在当代科技革命条件下的新的需要，可以说，没有人的需要在内容、结构、性质等方面的重大变化，没有人们从注重物质需要向更为注重精神需要转化，从注重生存需要向更为注重发展需要转化，从注重数量增长向更为注重需要结构优化转化，从注重现实需要向更为注重现实与超现实相结合的理想性需要转化，就不会有虚拟社会的产生和不断扩展，也不会有虚拟性活动的出现和不断创新。从上述意义上讲，没有当代人的需要的发展，也不会有当代科学技术的不断进步和虚拟性活动的兴起发展。

从功能上看，科学技术的进步是人的需要发展和虚拟性活动发展的原因。应该看到，科学技术一旦形成，就成为人类认识世界和改造世界的精神力量和物质力量，成为人类有效地认识世界和改造世界的重要工具，对社会生活产生着广泛而深刻的影响，对人和人的活动的发展发挥着重要的推动作用。时至今日，当代科技革命已是全球性的革命，是全人类的革命，也是全方位的革命，科学技术已成为第一生产力，成为经济社会发展的重要基础资源，成为引导未来发展的主导力量，它极大地影响着社会的各个领域，影响着人类的思想观念和生活方式，从而不仅导致了作为人的本性的人的需要发生了重大的变化，而且还导致了作为人存在发展根本方式的人的活动发生了巨大的变革，出现了虚拟性活动这一新的活动形态。人的需要的发展要受到多方面因素的制约，其中满足人的需要的活动要素状况及要素构成状况就是极为重要的因素，因为它们的状况直接关系到能满足人的什么需要以及在什么水平上满足人的需要，也制约着人的需要的发展及发展到何种程度，换言之，它们也会限制、规定人的需要的现实发展状况并影响其发展的水平。而科学技术能提升活动主体的科技素质、作用能力，拓宽活动客体的范围、增加活动客体的种类、提高活动客体的利用率，优化制作工具的材料、提高工具的性能和效能，还能通过渗透于管理活动中和提供科学的方法、手段，使活动主体、客体、工具更加科学地、合理地、有机地结合起来，从而创造出更多、更新、更优的物质产品和精神产品，使人的需要从内容到形式的发展成为可能，也使这种可能性变为现实性。特别是当代科学技术的发展导致社会财富、社会资源显著增长，导致人的需要的内容越来越丰富、形式越来越多样，发展的速度越来越快，更新的周期越来越短，满足的范围也越来越宽，满足的程度也越来越高，满足的效果也越来越好。而人的虚拟性活动本身就是当代科技革命的产物，正是适应人的新型需要，有了计算机技术、信息技术、网络技术、虚拟现实技术等的迅猛发展，才催生了虚拟社会，使人的活动从物理空间拓展到虚拟空间，形成了以"数字化符号"为中介的虚拟性活动，实现了人的活动形态的重大变革，并使这种变革还在持续进行。基于上述意义可以说，没有当代科学技术的不断进步，就不会有当代人的需要的丰富发展和虚拟性活动的不断创新。

从现状上看，虚拟性活动的发展又是人的需要的发展和科学技术的进步之原因。虚拟社会中的虚拟性活动确实是人的需要的发展和科学技术进步的产物，而虚拟社会一旦形成，虚拟性活动一旦兴起并不断创新，它们又会作为新的社会存在形式和新的活动形态，反过来促进人的需要的发展和科学技术的进步，这也体现了事物作用的双向性和辩证性。虚拟社会中的虚拟性活动是适应人的需要的发展而兴起的，满足了人虚实相生的超越性、理想性、精神性的需要，但虚拟性活动本身也在变化发展，其变化发展不仅表现为相关高科技设备和手段的不断创新，而且还表现为涉及的领域越来越广、参与的人数越来越多、受益的程度越来越高、作用的影响越来越大等，这种变化发展必然会促进人的需要的变化发展。从涉及的领域看，在虚拟性活动出现的初期，它主要局限于实验室和国防军事领域，重点用来交流和处理科技、军事等方面的数据，而现在已被广泛应用于经济、政治、军事、文化、教育等社会生活的各个领域，这种应用领域的拓展也反映了人的需要范围的拓展；从参与的人数看，最早是少量的相关科技工作者和国防军事人员等，而现在已是各个国家、各个民族、各个阶层、各种职业、各种年龄的人都在虚拟社会中参与虚拟性活动，这种参与人数、人群的增多，也反映了产生新的需要的群体在增大；从受益的程度看，最早是获得与研究相关的资料和数据，有益于科技工作和国防军事建设，而现在则是获得经济效益、政治利益、文化熏陶、素质教育、精神享受、个性服务等，这种受益程度的提高也反映了人的需要内涵的丰富；从作用的影响看，最早是面窄、人少、受益程度低，现在则是面宽、人多、受益程度高，这种作用影响的正向扩大，也反映了人的需要正向着更高、更优的方向发展。虚拟性活动同样会导致科学技术的进步，因为虚拟性活动本身就是以高科技作为载体和平台的，参与虚拟性活动的人绝不会满足于虚拟平台的现状，必然会要求在虚拟社会中虚实更好地结合，获得更好的现实效益、追求更好的精神享受、得到更好的个性发展、实现更好的理想目标等，这就需要网络、电脑的设计程序、硬件软件不断改造升级，需要计算机技术、信息技术、网络技术、虚拟现实技术不断改进创新，这对科学技术的进步会起到重要的推动作用。就上述意义说，没有虚拟性活动的兴起和不断创新，也难以实现新的历史条件下人的需要的丰富拓展和信息时代科学技术的持续进步。

综上所述，人的需要的发展是虚拟性活动现实进行的内在动力机制，科学技术的进步是虚拟性活动现实进行的外在技术机制，它们的相互联系、相互作用，导致了虚拟性活动的兴起和发展。而虚拟性活动本身也是能动的，它对人的需要的发展和科学技术的进步也有重要的价值。可以说，人的需要、科学技术、虚拟性活动的作用都是双向的、辩证的，它们在社会生活中相互作用、共同发展，使人的需要、科学技术、人的活动形态均发生了重大的变化，进入了新的历史发展阶段。

第六章　人的虚拟性活动的价值意义

人的需要的发展促进了人的虚拟性活动的形成，科学技术的进步导致了人的虚拟性活动的兴起，这表明了人的虚拟性活动的产生有其历史的必然性，而这种历史的必然性也内在地反映了它的价值性，即虚拟性活动能够产生，就在于它对人、对社会、对自然具有此前的活动形态难以替代的价值意义，这是毋庸置疑的。应该看到，人的虚拟性活动一旦形成并成为人的活动的新的形态，成为人和社会存在发展的新的方式，又对人的全面发展、社会的文明进步、自然界的合理利用产生了巨大的积极作用，其正效应是主要的、占主导地位的，这也是人的虚拟性活动得以兴起和发展的深刻根源。但人的虚拟性活动的作用具有两重性，即它对人、社会、自然又有一定的负效应，这也充分体现了事物功能作用的辩证性。

一　人的虚拟性活动对人的辩证作用

当代科技革命导致了虚拟社会的形成，也导致了人的活动形态的变革，形成了以"数字化符号"为中介的虚拟性活动。虚拟性活动作为人的现实性活动的延伸和创新，对人的发展产生了重大而深刻的影响，具有了新的作用。应该看到，其作用是双重的、辩证的。

包括虚拟性活动在内的人的一切活动对人都有重要的意义，之所以如此，主要在于以下几点。其一，人的活动是人的现实存在形态。即人是动态的，现实的人总是活动着的人，只有活动着的人才表明自己的现实存在，因为"一切存在物，一切生活在地上和水中的东西，只是由于某种运动才得以存在、生活"①。人也同样如此，人的规定性是通过自己的活动确立的，人的本质也是在活动过程中体现出来的。其二，人的活动是人区别于动物的重要标志。虽然人之外的动物也是动态的，也有其活动，但动物的活动是盲目本能地、消极被动地适应环境的活动，只有人的活动是有意识有目的地制造和使用工具创造性地作用于对象的自觉能动活动，这是人区别于其他一切动物的重要标志，也是人之为人的重要根据。其三，人的活动是人生存和发展的根本方式。人总是具有特定需要的人，人的需要是人的本性；而人的需要是其生存和发展的需要，只有这样的需要得以满足，人才能作为现实的人而生存和发展。人生存和发展所需的对象物基本存在于外部世界，必须依赖外部世界，但外部世界又不能以现成的状态来自然满足人的需要，这样，人要解决人要求外部世界满足自己的需要而外部世界不能以现成状态主动满足人的需要的矛盾，就必须"依照自己的目的作用于其他的物"②，如劳动作为人类最基本的活动就发挥了这样的作用，可以说，劳动"是制造使用价值的有目的的活动，是为了人类的需要而对自然物的占有"③。即人只有通过自己有意识有目的的自觉能动活动这一根本方式，创造性地作用于外部世界，使外部世界的事物按人的需要对象化，人才能作为真正的、现实的人而生存和发展。正因为人的活动对人有如此重要的意义，人才会世代相继、孜孜不倦地从事活动，并创造条件促进活动的创新发展。

人的活动都是属人、为人的活动，人是活动的出发点，也是活动的归宿点，虚拟性活动同样如此。可以说，虚拟性活动之所以能够作为人的新的活动形态而兴起、发展，就在于它对人的发展具有重要的推动作用，正效应占了主导地位，这也是人类创新自己活动形态的主要根据。概括起来，虚拟性活动对人的发展的正效应主要表现在以下7个方面。

1. 虚拟性活动创新了人的活动方式

自人类产生以后，人的活动都是在现实世界中进行的，活动主体、活

---

① 《马克思恩格斯选集》第1卷，人民出版社，1995，第139页。
② 《马克思恩格斯选集》第2卷，人民出版社，1995，第179页。
③ 《马克思恩格斯选集》第2卷，人民出版社，1995，第181页。

动客体、活动中介都是现实存在的实体性的要素，活动主体是现实的人，活动客体是现实的存在物，活动中介则以现实的工具为核心，活动的基本方式就是在特定的空间中，活动主体基于特定的需要使用工具等中介去作用于需要所指向的活动客体，通过持续一定时间的作用过程，改变活动客体的形状、性质等，使之对象化，成为满足人的特定需要的存在物。通过这种现实性的活动，人类不断产生、不断丰富发展的需要得以满足，保障了自己的生存和发展。这种现实性的活动方式是人生存和发展的根本方式，只要人还世代相继、持续发展，现实性的活动方式就会世代坚持、不断创新。但现实性的活动也有其局限性：一是活动场所的限定性和活动过程的不可逆转性，即特定的活动一旦进行，活动的空间难以更改，活动的时间不能倒转；二是活动指向的现存性和固定性，即在满足人的特定需要的活动中，活动指向的对象物是现实性的，是具有现实可能性的事物，也是具有现实稳定性的具体事物；三是活动结果的单一性和变动性，即活动的结果是对象发生了某种形状或性质的变化，这种结果既有可能与活动目的完全相符，也有可能与活动目的部分相符，还有可能与活动目的相悖，等等。而虚拟性活动作为建立在高科技平台上的新的活动形态，确实在很大程度上克服了现实性活动的局限性，如它突破了物理时空的限制，能在瞬间变换活动空间，也能使活动时间倒转，减少了对物理条件的依赖，拓展了活动的维度；虚拟性活动不仅指向现实世界，也指向虚拟世界，不仅指向了可能的可能性，也指向了过去为不可能的可能性，还指向了将来的可能性，从而极大地拓展了主体的选择范围；虚拟性活动既能把现实社会中的客观存在和可能的事物具体化、形象化，又能把许多过去曾经为不可能的事物及将来有可能的事物通过虚拟化的方式直观展现出来，创造出更为丰硕的活动结果，更好地实现活动目的。可见，虚拟性活动这种新的活动方式，实质上是使人能更好地生存和发展的方式。

2. 虚拟性活动提升了人的主体地位

人的主体地位是人类一诞生就具有的，但主体地位的状况却是变化发展的。人刚从动物界中提升出来时，真正人的意识正在形成过程中，自我意识与对象意识尚未完全分化，认识水平低下，作用能力很弱，在与自然的关系上，主要表现为在崇拜自然、恐惧自然的前提下直接利用自然，这时的人是缺乏主体意识的人，主体性不明显，主体地位也很低下。人的发展和社会的进步，经历了从原始渔猎社会到古代农业社会、近代工业社会的发展，特别是通过古代农业文明和近代工业文明的作用，作为主体的人也发生了重要的演变，对自然和自身的认识不断深化，活动能力不断提高，从而使人的主体意识不断增强，主体地位不断提升。到了今天的信息社会，当代科技革命在全球的迅猛发展，导致社会生活的方方面面发生了巨大而深刻的变化，也导致了作为主体的人发生了革命性的变化，科技素质越来越高，对自然界的认识、对自身的认识越来越深刻，改造自然的能力越来越强，改造的效果越来越好，主体的地位也越来越突出。当代科技革命的深入发展，特别是计算机技术、网络技术、信息技术、虚拟现实技术的逐步完善，催生了虚拟社会，引发了虚拟性活动这一人类新的活动形态的出现，使人的活动从现实的物理空间拓展到了虚拟的网络空间，使人类把握世界的空间更大、途径更多，认识的事物更广、层次更深，作用的能力更强、效果更好，从而使人能虚实结合，既成为现实性活动的主体，又成为虚拟性活动的主体，主体的地位更为突出、显著。

3. 虚拟性活动提高了人的综合素质

我们通常所说的人的综合素质应主要包括人的科技素质和思想道德素质，它们是人之为人的内涵，是人的本质力量的重要组成部分，也是人更好、更有效、更合理地从事活动的内在根据。但人的综合素质不是人从来就有的，也不是人生来就有的，而是通过自己的活动逐步形成、逐步提高的。就人类历史看，在人类产生的早期，由于人的认识还主要处于感性阶段，对自然的认知能力和改造能力均很差，不可能形成科技意识，人的思想反映的是环境的外在现象，内容简单、肤浅，行为规范也在形成过程中，尚无真正意义上的道德观念。就人类个体看，严格说来，刚出生的婴儿是不具有人的本性的，具有的只是动物的本能，更不可能生来就有科技素质和思想道德素质。即使是长大成人，如果离开了社会环境，离开了社会性的活动，也不会有人的思维，更谈不上科技素质和思想道德素质。20

世纪发现的印度狼孩,虽然已是儿童了,有人的生理形体,其生物遗传基础、生理素质与同代人基本相同,但他们从小离开了社会,与狼生活在一起,因此,他们没有人的思维和人的活动能力,只有动物式的感觉和模仿狼的行为,更谈不上人的素质了。可见,人的科技素质和思想道德素质是人的发展、社会的发展、科技的发展和人的活动发展的必然结果,从原始渔猎社会到古代农业社会、近代工业社会、现代信息社会的发展过程已证明了这一点。今天,当代科技革命的浪潮席卷全球,人的发展、社会的发展、科技的发展和人的活动的发展都进入了更高的历史阶段和更新的历史时期,特别是虚拟性活动的出现,应该是人的发展、社会的发展、科技的发展和人的活动发展的综合体现。这种作为高科技产物的新的活动形态的兴起和发展,对提高人的综合素质确实发挥了积极的作用。虚拟性活动本身就是建立在高科技基础上的,从事活动的人必须要具备相应的科技知识,同时,大量新的科技信息会不断地出现在网络上,这对于人们学习新的科技知识、提高自己的科技素质也有重要的促进作用。各种真理性的思想文化在网上传播、交汇,各种彰显人的善良本性和高尚道德情操的形象在荧屏上显现,这对于提高人的思想认识和道德水平应该具有积极的作用。

4. 虚拟性活动增强了人的活动能力

人的活动能力是人从事和完成一定的活动所具备的本领,它是人体现和确证自己主体身份的本质力量,是人作为活动主体在使用中介作用客体的过程中所表现出来的种种能力。人的活动能力与人的活动紧密联系、不可分割,谁也不能孤立存在。人的活动能力与人的活动总是相适应的,人的活动也要求人的活动能力与其相适应。人的活动是多样的,是多种活动形式构成的有机系统,人的活动能力也是多样的,是多种能力构成的有机系统。从哲学的视角看,主客体的基本关系是认识关系和实践关系,人的活动的基本形式是认识活动和实践活动,因此,人的活动能力也主要分为认识能力和实践能力。认识能力是作为主体的人在认识活动中所表现出来的能动地、创造性地反映客体的能力。实践能力则是作为主体的人在实践过程中所发挥出来的能动地、创造性地改造客体的能力。它们的现实发挥，体现着人的本质力量，确证着人的主体地位。网络的发展，虚拟社会的出现，虚拟性活动的兴起，不仅使人的虚拟性的活动能力从潜能变成了显能，成为一种现实的、可感的、具体的力量，完善了人的活动能力的结构，丰富了人的活动能力的系统，使人能从事虚实结合的活动，而且对增强人的认识能力和实践能力，也发挥了重要的作用。在网络世界，新的科学发现、新的技术发明的快速传播，新的思维方法、新的技术手段的及时呈现，新的硬件设备、新的软件系统的不断更新，新的实验形式、新的检验方式的大量涌现，对提高包括观察力、记忆力、分析力、想象力等在内的认识能力和包括目标选择力、工具操作力、现实创新力、组织管理力、活动协调力等在内的实践能力，确实起到了其他活动形式难以替代的巨大促进作用，充分体现了高科技活动的特色和优势。

5. 虚拟性活动提高了人的活动效率

人的活动效率体现着活动产出与活动投入之间的比值关系，活动投入越少而活动产出越多，则表明活动效率越高，反之则活动效率越低。人的活动是为人的活动，是人满足自己生存和发展需要的根本手段，为了保障生存和促进发展，人在活动中必然要遵循效用原则，努力使自己的活动具有更大的效用值，具有更高的效率。从本质上讲，人的活动效率体现的是一种价值关系，它反映了人的有目的的活动在何种程度上实现了什么样的目的，或者为了实现特定的目的而耗费了多少活动。人对活动效率的追求，实质上是对活动目的的追求，是对价值的追求，是为了更好、更有效地满足人的需要，实现人的活动目的。当人的活动目的或目标不变，满足人的需要的满足程度不变时，人的活动耗费越小，活动的效率就越高；当人的活动总量不变时，所达到的目的或目标越高，人的需要的满足程度越高，其活动效率也就越高。在虚拟世界中，人的活动目的不仅存在于人的意识之中，还可以通过虚拟工具更直观地展现在虚拟世界，并经由智能化的程序相当精确地把活动结果虚拟出来，提高了活动的预见性、前瞻性，引导人们趋利避害，以更小的活动投入获得更大、更好的活动结果，极大地提高人的活动效率。并且如以上所说，虚拟性活动提高了人的综合素质，增强了人的活动能力，这有利于优化人的智力结构，提升人的作用力，提高人的活动效果，使人能更好、更有效地作用于对象物，从而在更高的程度上满足了人的需要，实现了活动的目的。同时，虚拟性活动不仅使活动主体发生了有利于人的活动的重大变化，而且也使活动客体、活动中介发生了有利于人的活动的变化，这对提高人的活动效率也产生了重要的积极作用。从主体活动所涉及的领域看，虚拟性活动客体比现实性活动客体更为广泛，它既包括具体的现实存在，又包括抽象的虚拟存在；既包括在现实生活中具有可能性的对象物，又包括在现实生活中曾经不具有可能性的对象物，还包括在将来才具有可能性的事物，使主体对客体的选择面更宽、作用面更大，作用的效果也会更好。从活动中介的构成看，在虚拟性活动中，除物理性的工具外，还需要与数字化的软件程序相结合而形成的智能化的中介系统，这种中介系统除了具有一般工具所必须具备的物质因素和精神因素之外，还包含有虚拟现实技术、人工智能、软件程序等智能化的高技术因素，因而性能更好，作用力更强，效率也更高。

6. 虚拟性活动扩大了人的联系范围

人的联系体现着人的社会关系，表明了人是社会性的存在物。人的社会联系、社会关系是人的活动赖以进行的必要形式；换言之，人的活动总是在一定的社会联系、社会关系中进行的，绝对孤立的个人活动是不存在的。马克思曾以生产为例阐述了这一问题，他认为，在现实的社会中，一切生产活动都离不开个人，但生产活动并不是绝对孤立的个人行为，"孤立的个人在社会之外进行生产——这是罕见的事"。① 马克思也正是从这一意义上强调："人们在生产中不仅仅影响自然界，而且也相互影响。他们只有以一定的方式共同活动和互相交换其活动，才能进行生产。为了进行生产，人们相互之间便发生一定的联系和关系；只有在这些社会联系和社会关系的范围内，才会有他们对自然界的影响，才会有生产。"② 生产活动是如此，其他活动也同样如此。在现实生活中，人的联系是多方面的，有人与人的联系，人与社会的联系，人与自然的联系等。并且人的联系也是变化的，其变化主要表现为联系的形式越来越多样，联系的内容越来越丰

---

① 《马克思恩格斯选集》第2卷，人民出版社，1995，第2页。
② 《马克思恩格斯选集》第1卷，人民出版社，1995，第344页。

富，联系的范围越来越扩大，这种联系形式、内容、范围的变化也反映了人的发展、人的活动的发展和社会的进步。但在现实世界中，由于个人受到活动领域、活动时空的限制，联系的范围是非常有限的，也是非常狭窄的，这也在一定程度上限制了人的活动的发展。而通过虚拟性活动，通过网络世界，人们则能够突破现实世界和物理时空的限制，表现出了联系无限拓展的趋势。从时间上看，凭借网络，人们可以从过去延续到今天，从今天展望到未来，又从未来、今天回溯到过去，与不同历史时期以及同一历史时期不同阶段的人和事物建立这样或那样的联系，跨越了物理的时间界限；从空间上看，凭借网络，人们可以从生活、活动的具体地方拓展到更大的区域，从区域拓展到国家，从国家拓展到全球，从全球拓展到宇宙，哪里有人的活动足迹，哪里就能建立人的联系，也跨越了物理的空间界限。虚拟社会这种自由时空的出现，不仅扩大了人的社会联系，增添了新的社会关系，而且还为人的活动创造了新的存在形式，促进了人的全面发展。

7. 虚拟性活动促进了人的个性发展

人的个性体现着人的个体的特性和差异性，就像世界上没有两片完全相同的树叶一样，世界上也没有两个完全相同的人。可以说，任何人都既有与他人相同的人的共性，又有与他人不同的自己的个性。正是这种个性，构成了自己区别于他人的特性。人的个性发展是人追求的重要目标，是人的自由发展的重要前提，也是人的全面发展的重要内容，没有人的个性发展，就谈不上人的自由发展，也谈不上人的全面发展。而人的个性不是生来就有的，而是在个人生理素质的基础上、在一定社会历史条件下，通过社会性的活动逐渐形成和发展起来的。人的生理素质主要是通过先天遗传形成的，后天会有所变化，但变化不会太大。因此，人的个性主要是通过后天的社会环境和社会活动而形成和发展起来的。人的个性发展的途径主要有两条：一是学习，二是通过现实活动的锻炼。包括接受教育在内的学习，能使人在掌握通过社会遗传机制而形成的人类知识的基础上，汲取符合自己特点的东西，促进个性的形成和发展；现实活动，不仅使人的个性得以彰显，而且使人的个性得到进一步的培育和拓展。应该看到，在人的发展和社会进步的过程中，人的个性也得到了相应的发展，只不过在不同的社会环境、社会条件下，人的个性发展的程度有所不同而已。从总体上讲，社会环境、社会条件越好，学习途径越多，社会性的活动越先进，人的个性发展也就越充分、越突出。虚拟社会、虚拟性活动是随着当代科技革命的兴起而形成、发展的，当代科技革命推动了社会物质文明、政治文明、精神文明和生态文明的进步，促进了经济环境、政治环境、文化环境和生态环境的优化，为人的个性发展创造了良好的社会环境和社会条件。而建立在高科技基础上的网络世界，使人们学习的途径更直接、更便捷，学习的内容更丰富、更生动，活动的领域更宽阔、更直观，活动的形式更多样、更精彩，从而极大地促进了人的个性发展。

虚拟性活动对人的发展的正效应是主要的、占主导地位的，这是虚拟性活动得以兴起、发展的必然性之所在。但事物的作用都是辩证的，虚拟性活动也是如此，它对人的发展又有消极的负效应，这也是其作用中不能忽视的一面。概括起来，虚拟性活动对人的发展的负效应主要表现在以下几个方面。

第一，易于导致人的自主性的缺失。在虚拟社会中，人是凭借高度数字化、信息化、自动化、智能化的中介系统进行活动的，这些高科技的中介系统确实打破了现实物理世界的种种束缚，使人能够全面、快速、有效地控制和调整活动的进程，主体性得到了进一步的凸显。但是，高度数字化、信息化、自动化、智能化的中介系统所创造的丰富多彩的虚拟世界，也容易使人沉溺其中，流连忘返，难以自拔，只要遇到问题，总是求助于网络，只要面对困难，总是逃避于虚拟世界，忘记了自己在现实生活中的社会角色和社会责任，导致自主性的弱化。同时，沉溺于网络的人也会对虚拟世界产生很强的依赖感，难以承担现实活动主体的主体职责，长此下去，既容易丧失独立性，也容易丧失自主性。在虚拟世界里，人能以非常理想化的形象出现，能充分体验成就感和满足自尊心，从而易陶醉于虚幻中的自我，忘记现实存在的不足和缺陷，失去自己的真实性和进取心。而且虚拟交往角色的频繁更换，易于导致人在角色上的自我混淆，出现多重人格，使人在生活中迷失自我，丧失自己的独立人格，等等。应该看到，上述问题已在现实中出现，并且日趋严重，如果不采取有针对性的措施予以及时解决,任其蔓延下去,人真有可能沦为电脑、网络的奴隶。

第二,易于导致人的理性思维的退化。人是有意识的理性存在物,其理性思维是通过人生存和发展的根本方式即活动而体现出来、产生作用的,这种作用也从一定意义上确证了人的活动是有别于动物活动的属人活动。因此,在现实的活动中,人的理性思维发挥着应有的重要作用,如它能深刻分析人的需要与需要指向对象的内在联系,形成理性化的活动目的;它能支配人的活动有意识有目的地进行,理智地调整活动进程;它能理性地评价活动结果,分析其是否既合目的又合理性。可以说,在现实的活动中,理性思维的作用是不能替代的,要保证活动的成功,其作用就只能增强,不能削弱。在虚拟性活动中,高科技的工具可以使活动的启动、活动的进程、活动的结果按照程序的设计而程序化、智能化、自动化,人们可以不去主动深入地进行理性思考,可以不凭借理性思维去分析有关问题、探索解决问题的有关方法等,从而易于削弱活动者的理性思维功能。如果人长期沉溺于虚拟世界,高度依赖网络,脱离现实世界和现实生活,很少用脑,势必导致自己理性思维的退化。事实也是这样,长期生活在虚拟世界的人,减少或拒绝与现实外界的交往,缺乏人与人的思想交流和情感交流,则易于导致语言表达单调,理性思维简单,逻辑思维混乱,甚至提笔忘字。同时,长期埋头于虚拟世界的人,也易于弱化对纷繁复杂的现实社会的适应能力和应变能力,一旦返回现实世界,就会变得束手无策、无所适从,这实质上也是人的理性思维退化的一种表现。

第三,易于导致人的道德失范。虚拟社会的出现、虚拟性活动的兴起和发展,确实拓展了人的活动领域,突破了现实物理世界的限制,扩大了人的自由度,为人的个性发展创造了有利的条件,等等。但是,自由度的扩大也容易带来另外的问题。在一些人看来,人们的网上活动似乎远离现实社会和现实生活,好像是纯粹的个人行为,可以不受社会的管理和监控,不受行为规范的制约,产生"无人在场"的心态,容易忘记自己是社会的人,忘记自己在现实生活中的社会角色、社会责任和义务,自律性减弱,放松对自己的道德约束,引出为所欲为的冲动,直接导致行为的失范,甚至违法。比如,在虚拟世界中发表个人意见、公布个人信息是比较自由的，也是允许的，但如果在网上歪曲事实、捏造谣言，或者发泄私愤、丑化他人等，则是违反社会客观、公正原则的不道德行为；如果发表的是反社会、反人类的言论和政治谣言，或者对他人进行恶劣的谩骂和人身攻击，则不仅是不道德的，而且是违法的，还将受到法律的制裁。类似的现象已经在现实生活中出现，并且还在蔓延。同时，网络的开放性和共享性，也使其呈现的信息良莠不齐，涉及邪教、色情、暴力等内容的信息会掺杂其中，这些信息也会对人们的价值观和道德观产生负面影响，特别是对正在成长中的青少年危害极大，因此必须加强网络信息的监管和引导，绝不能放任自流。

第四，易于导致人的机体生物性的弱化。作为活动主体的人主要是社会存在物，但同时也是自然存在物，是有血、有肉、有生命力的生物体。而人的生物性的生理素质、生理机能是人之为人的自然基础，也是人能从事活动的自然前提。道理很简单，离开了生物性的生命机体，现实的人就不存在了，也不可能从事任何活动。一般说来，人的生理素质、生理机能与人的活动存在着一种正相关的关系，人的生理素质、生理机能好则体力好、精力充沛，从事活动的力量就强、效果就好。可以说，人的生物性的生理素质、生理机能与人类共存亡，始终是人的活动的自然基础和自然能力。网络确实容易使一部分人深陷其中而影响生理机体以及与生理机体直接相关的心理机能，导致人的生物性的弱化，引发目前已经出现并正在扩展的"电脑病"。在虚拟性活动兴起和日益拓展的过程中，一些人会被五彩缤纷的虚拟世界深深吸引而持久沉溺于其中，不分昼夜，不亦乐乎，坐而不动，足不出户，缺乏基本的运动锻炼，从而严重打乱了人生理机体正常的新陈代谢，导致屏幕脸、萝卜腿、鼠标手、颈椎病、干眼症以及脑功能减弱、精神忧郁、情绪多变，等等，引起了生理上及心理上的一系列疾病，对人的身心健康都造成了极大危害。应该看到，这种生物性退化的问题也是严重的社会问题，如果不及时解决，任其自然发展下去，将会严重影响人的身心健康，影响人的生活质量，影响人的生存和发展，影响社会的文明进步。

这些问题和负效应，虽然不是虚拟性活动作用的主要方面，但其负面影响和危害性也不能忽视。因此，必须切实加强网络和虚拟社会的管理、监控和引导，合理规范人的虚拟性活动，尽量增大、增强其正效应，减少、减轻其负效应。

二 人的虚拟性活动对社会的辩证作用

当代科技革命催生了虚拟社会，使人的活动从物理空间拓展到虚拟空间，形成了以"数字化符号"为中介的虚拟性活动。虚拟性活动是人的现实性活动的创新，也是建立在高科技平台上的新的活动形态，它对作为人生存和发展存在形式的社会产生了重大的作用，并且这种作用是辩证的作用。

包括虚拟性活动在内的人的一切活动对社会都具有重要的意义，之所以如此，主要原因在于如下几个方面。第一，从社会构成上看，人类社会是由活动着的人相互联系组成的社会有机体，没有活动着的人及其在活动过程中形成的各种社会性的联系，就不会构成人类社会；而人类社会一旦形成，又是人的活动必不可少的存在形式，即人的活动都是在社会中进行的，是社会性的活动。第二，从社会关系上看，社会关系就是在人的活动中形成和发展的人与人之间的社会性的联系。正是有了人的经济活动、政治活动、精神活动等，才有了社会的经济关系、政治关系、思想关系等。离开了人的各种现实活动，就不会有人的各种现实的社会关系。第三，从社会规律上看，社会规律实质上就是人的活动规律，是形成于人的活动过程中并通过人的活动而发生作用的规律，如生产关系一定要适合生产力状况的规律，就是在生产活动中形成并决定生产活动发展的规律，因为生产力和生产关系就是人们在生产过程中所形成的人与自然的关系、人与人的关系。离开了现实的生产活动，就无所谓生产力和生产关系，也不会有生产关系一定要适合生产力状况的规律。第四，从社会生活上看，无论社会的经济生活、政治生活还是精神生活，都是围绕人的经济活动、政治活动、精神活动而形成的社会性生活，没有相应的经济活动、政治活动、精神活动，就不会有现实的经济生活、政治生活和精神生活，所以说，社会生活都是人的活动创造的，也是随着人的活动的发展而进步的。第五，从社会变革上看，无论生产力的变革还是生产关系（经济基础）、上层建筑的变革，都是通过人的活动而实现的，是人的活动变化发展的结果。从根本上说，生产力的变革就是生产活动中的劳动者、劳动对象和以劳动工具为主的劳动资料以及三者的结合均发生了变革，劳动者的科技素质和劳动能力有了显著提高，劳动对象从范围、种类到利用层次有了重大变化，劳动工具及相关系统有了明显改进和创新，三者的结合更为科学合理，从而导致了生产力的变革。生产力的变革所引起的生产关系（经济基础）、上层建筑的变革也不是自发实现的，而是通过人的能动活动自觉调整的结果。第六，从社会文明上看，无论物质文明、精神文明还是政治文明、生态文明，都是人的活动进步在社会物质、精神、政治、生态等方面的具体体现，是人的物质文明建设、精神文明建设、政治文明建设和生态文明建设的积极成果。第七，从社会历史上看，社会历史的发展过程就是人的活动的发展过程，社会历史与人的活动史是一致的，社会历史不过是追求着自己目的的人的活动史而已。在不同的历史时期、不同的社会条件下，人们之所以重视自己的活动、研究自己的活动、优化自己的活动、创新自己的活动，其深刻的根源也在于人的活动对社会具有重要的意义。

在现代信息社会能够蓬勃兴起的虚拟性活动，对社会发展有着重要的推动作用，正效应是多方面的。概括起来，虚拟性活动对社会发展的正效应主要表现在以下几个方面。

1. 虚拟性活动推动了社会存在形式的变革

自人类产生，人类社会就已形成，社会的存在形式也已形成。因此，社会存在形式应该是人类社会有机体的结构，是现实的人、人的活动、人的社会关系、人的社会生活等的组成方式。从社会存在形式的性质看，它是属人的社会组织方式，是人赖以生存和发展的社会环境；是人的活动得以正常进行的社会平台，是满足人的需要的社会条件；是人与人建立社会联系的社会桥梁，是维系各种社会关系的社会纽带；是社会生活的现实基础，是社会文明进步的社会保障。从社会存在形式的构成看，它应该是人的构成形式、人的活动的构成形式、人的社会关系的构成形式、人的社会生活的构成形式等的有机统一，体现了社会各要素的组织结构。从社会存在形式的功能看，它能汇聚不同的人和不同的群体，促进各种社会关系的形成发展，助推人的活动的顺利展开，保障社会生活的正常进行。

在网络社会、虚拟性活动出现之前，社会存在形式都是建立在现实世界里的，它具有两个方面的特征：一是具体现实性，二是相对稳定性。一般说来，在这种性质的社会存在形式中，人是有具体形体的、可感知的现实存在物，人的社会关系是具体的、可感知的经济关系、政治关系、思想关系，人的活动是现实的、可感知的认识活动、实践活动，社会生活也是具体的、可感知的经济生活、政治生活、精神文化生活等，即在现实世界里，作为社会存在形式这一社会组织结构中的各种存在要素都不是抽象的，而是有具体的形体、形态、表象、关系的，这些形体、形态、表象、关系都是现实性的，能为人们的感官所感知，也能为人们所直接作用。构成要素的具体现实性也体现了组织结构的具体现实性，或者说，社会组织结构的具体现实性也必然要求其构成要素是现实具体的，只有这样，才能把它们现实具体地组织起来，构建社会的有机体。并且，这样的社会存在形式一旦形成，就会在相当长的时期内基本不变，保持相对的稳定。在网络社会兴起之前的历史发展过程中，社会存在形式主要表现为两种形态：一种是无阶级社会的存在形式，另一种是阶级社会的存在形式。在人类产生后所形成的原始渔猎社会的漫长时期里，由于人类刚从动物界中提升出来，意识尚未真正分化为对象意识和自我意识，认识水平低下，对周围环境和事物的反映以感性为主，生产工具粗糙简单，活动能力极弱，活动范围狭窄，活动对象单一，人们辛勤劳作也只能维持最低的生存，没有社会分工，也无剩余产品，更不需要交换产品，这时的社会存在形式与人的存在状况和社会历史条件相适应，是以血缘关系为纽带和基础构成的社会共同体即氏族、部落等。在这种社会存在形式中，人的活动主要是维持基本生存的生产活动，其他形式的活动还在萌芽，社会关系也主要是经济关系，社会生活也是以物质性为主，人们之间的交往基本局限于单个共同体的狭小疆域里。这种社会存在形式是与当时人的存在状况和社会历史条件相适应的，从而在相当长的历史时期内保持着相对稳定性，维系着原始渔猎社会的运转，保障着人和社会的存在及一定程度的发展。到了原始渔猎社会的后期，随着对象意识和自我意识的逐渐形成，人对自然、对自身的认识逐步深化，以青铜器、铁器等为主的金属工具制作技术逐渐成熟，金属工具逐渐得到广泛应用，天文学、数学、农学等科学逐渐形成，艺术、哲学、宗教等社会意识形态逐渐兴起，人们交往范围逐渐扩大，社会分工、相对剩余产品逐渐出现，以及产品交换逐步开展，等等，人类社会就从原始渔猎社会日见向古代农业社会转化，从无阶级社会日趋向阶级社会迈进，实现了社会形态的质变。从所有制关系看，从古代农业社会至今，人类都处于阶级社会中，区别只在于所有者不同、统治阶级不同而已。进入阶级社会后，社会存在形式也发生了变革，以统治区域划分的国家作为主要的社会共同体取代了以血缘关系为基础的原始氏族、部落，并一直持续到今天。随着人的发展、社会的发展和科技的进步，国家这一社会存在形式中的构成要素发生了重大的变化，人的科技素质越来越高，认识实践能力越来越强，主体性越来越突出，活动工具越来越先进、性能越来越好，活动对象越来越多、利用层次越来越深，社会交往的范围越来越大、途径越来越多，社会关系越来越多样、联系越来越紧密，社会生活越来越丰富、形式越来越新颖，等等。可以说，在阶级社会中，国家这一社会存在形式较之原始氏族、部落则更好地适应了人和社会的发展状况，也确实更好地促进了人和社会的发展。

　　当代科技革命导致了虚拟性活动的兴起和发展，使人类从现实社会拓展到了虚拟社会，它既体现了人类活动形态的创新，也体现了社会存在形式的变革。虚拟性活动是虚拟社会中的新的活动形态，虚拟社会是人的虚拟性活动构成的新的社会形态，它们相互依存、相互体现、相互作用、内在统一。建立在高科技平台上的虚拟性活动和虚拟社会，使社会存在形式发生了巨大而深刻的变化，出现了网络世界这一新的社会存在形式。可以说，网络世界摆脱了阶级的局限，也冲破了国家的界限，使网络世界成为全球性的存在形式，从而也使各种社会构成要素及其存在状态发生了重大演变。从人到人的活动、人的交往、人的社会关系、人的社会生活等，都是既现实又虚拟，既具体又抽象的。比如人，就既是现实世界的主体，又是虚拟世界的主体，既可以是具体的存在物，又可以是抽象的符号、编码；人的活动既可以在现实世界中进行，又可以在虚拟世界中开展，活动结果既可有现实具体的形态，又能以高度抽象化的符号或数字的形式出现；等等。这样，人的主体性就更突出，活动就更灵活，结果就更多样，满足人生存和发展需要的程度就更高，保障社会正常运转的能力就更强。同时，由于当代科技迅猛发展，网络硬件、软件不断更新，网络世界也日新月异，体现了显著的变动性。

2. 虚拟性活动推动了社会生产方式的变革

社会生产方式就是社会所需物质资料的谋取、获得方式，它既是人类社会赖以存在和发展的物质基础，又是社会这一特殊机体的物质担当者，既是人和自然、社会和自然相互联系、相互交换物质和能量的纽带，又是整个社会有机体的"骨骼"，既决定着社会的存在，又决定着社会的发展。社会生产方式是社会生产力和社会生产关系的有机统一，前者体现着人与自然的关系，后者体现着人与人的关系。它们的相互联系、相互作用，构成了生产方式的矛盾运动，从而也引发了整个社会的变化发展。

在社会生产方式中，社会生产力是起决定作用的方面。生产力是人们在生产过程中解决人同自然矛盾的能力，是人类改造自然使其适应自己需要的物质力量。从根本上讲，生产力要解决的是人要求自然来满足自己的需要而自然又不能以现成状态自动满足人的需要的矛盾，因此它体现的是生产过程中人与自然的关系。从构成上看，生产力包括劳动者、劳动对象和以工具为主的劳动资料三大基本要素。劳动者即劳动的主体是现实的人，是生产力诸要素中的唯一能动的要素，也是起主导性作用的要素；劳动对象即劳动过程中所加工改造的对象，它包括未经过加工的自然物和已加工过的原材料；劳动资料即劳动的中介，它以工具为主构成。生产力的运动过程就是生产活动的开展过程，它是劳动者使用工具加工改造劳动对象使其发生符合人的需要的变化过程。生产关系是人们在生产过程中所形成的经济关系，它体现的是生产过程中人与人的关系。从静态或基本要素看，生产关系包括生产资料的所有制关系、人们在生产中的地位及相互关系、产品分配关系这三个方面；从动态或基本环节看，生产关系由生产、分配、交换、消费这四个环节构成。在社会生产方式这个统一体中，作为内容的生产力是最活跃、最革命的因素，处于不断变化发展之中；而作为形式的生产关系则是相对稳定的因素，只要能满足生产力在一定历史时期发展的需要，就可以保持相对不变。生产力和生产关系的这些特征，决定了生产方式在历史发展中既具有一定质的稳定性,又具有迟早发生变革的必然性。因此,任何生产方式都不是凝固不变的,生产力发展到一定程度,必然导致生产关系的变革,进而引起整个生产方式的变革,人类历史上的社会形态依次更替,最终都是生产方式变革的必然结果。

而现代虚拟社会、虚拟性活动的兴起和发展,有力地促进了生产力、生产关系的变化发展,进而推动了生产方式的变革。从生产力的三个基本要素看,作为劳动者的人既是在现实世界从事生产活动的主体,又是在虚拟世界从事生产活动的主体,这种双重主体的身份表明人的科技素质更高、作用能力更强,因而活动效率也就更高;劳动对象既以具体的现实形态存在于现实世界中,又以抽象的信息、比特的形式存在于虚拟世界中,这种虚实结合的对象更具理想性,能给人带来全新的体验和享受,能更好地满足人多元化、多层次的需要;以工具为主的劳动中介系统也发生了新的变化,除物理性的机器工具外,虚拟性活动还需要与数字化的软件程序相结合而形成的智能化中介系统,这种中介系统以数字化的方式连接着主体与客体,既是人类感觉器官的延伸,又是人类思维能力的外化,使作用力更强、作用效果更好。同时,在虚拟世界里,高科技能使人的要素与物的要素更好地结合,更好地做到人尽其才、物尽其用。生产力基本要素的优化及结合因素的优化,其结果就是生产力的快速发展,生产力的快速发展又必然导致生产关系的变化。而虚拟性活动既能促进生产力的变化发展,也能促进生产关系的变化发展。在网络世界中,所有资源是共享的,人们在活动中的地位是平等的,能通过自己的活动获得自己所需的对象物,人与人的关系更具公平性、公正性,即虚拟性活动也促进了人与人经济关系的优化。正是虚拟性活动的作用,才导致了生产力、生产关系的向前发展,进而导致了生产方式的变革,使建立在虚拟社会基础上的生产方式更新、更优,更适应人生存和发展的需要。

3. 虚拟性活动推动了社会生活方式的变革

人是社会的人,既包括人总是一定社会共同体的人,是处于一定社会关系中的人,又包括人总是生活于一定社会的人,是具有自己社会生活方式的人,这种社会生活方式是人特有的方式,也是人的生活区别于动物生活的方式。从哲学视角看，人的社会生活方式是人在一定的社会环境中和一定的社会条件下所形成的满足自身生活需要的活动形式和行为特征。这里所说的"一定的社会环境中和一定的社会条件下"就是强调人的生活的社会性，即无论经济环境、政治环境、文化环境、生态环境，还是生产力的发展状况、科学技术的进步状况、社会财富的积累状况等，都是人的社会历史活动造就的环境和条件，也是社会历史发展的必然结果；这里所说的"生活需要"，既包括与人的生存相关的生活需要，也包括与人的发展相关的生活需要，即人的生活需要也体现着人的生存需要与发展需要的统一；而人的生存需要和发展需要都渗透着享受需要，因为享受是人的一种理想性的追求，享受也是为了更好地生存和发展。这里所说的"活动形式和行为特征"就是表明人的社会生活是动态的，也是人的活动、人的行为，这种活动、行为有自己的表现形式和特征，如经济生活就是人的经济性的行为活动，主要表现为与衣食住行相关的生产、经营、交换、消费等方式，具有追求诚信度、公平性、性价比、优质化、安全性等特征。

人的社会生活方式也是通过生活而满足人生存和发展需要的方式，因而，这种方式也是属人的、为人的。人生存和发展的需要是多方面的，人的社会生活方式也是多方面的。从生活内容上看，社会生活方式可分为经济生活方式、政治生活方式、精神文化生活方式等；从生活时间上看，社会生活方式可分为职业生活方式、闲暇生活方式；从生活区域上看，社会生活方式可分为城市生活方式、乡村生活方式等。一般说来，人的生存发展需要是在社会生活中形成，在社会生活中呈现，也是在社会生活中得以满足的，因为社会生活与人的关系最直接、最具体，能直接反映人的本性，具体体现人的需要，也能通过直接具体的方式获得需要的东西，从而直接具体地满足人生存发展的需要。也正因为如此，人才必须要形成自己属人、为人的社会生活，要采取一定的方式来展开社会生活。

在人类社会的发展过程中，社会生活方式表现出了一些相互联系、相互对应的特性。概括起来，这些特性是：既有稳定性和历史继承性，又有发展性和时代创新性；既有人类的共性，又有个体、群体的个性。一定的生活方式在适应了一定人群的生存发展需要后，往往会在一定的时期内处于相对稳定的状态，而且能通过社会遗传机制继承下去，我们在人类历史上就能看到这样的情况，一个民族在若干年的发展中虽然经历了不同的历史时期，甚至是不同的社会形态，但该民族固有的生活方式却一直延续下来了。但生活方式绝不是固定不变的，任何生活方式最终都会随着生产力的变化发展、科学技术的变化发展乃至人自身的变化发展而变化发展，这种变化发展既有量变，也有质变，其变化主要是增添了新的内容，体现了时代特征。随着全球性交往的扩大，各国的对外开放程度得以提高，各种思想认识、价值观念、道德意识在相互碰撞、相互影响、相互交融，从而使社会生活方式表现出了越来越明显的趋同性，具有了人类的共性。但共性不能取代个性，从个体看，个人的生活经历、阅历不同，受教育的程度不同，思想观念不同等形成了个体生活方式的个性；从群体看，生活的地理环境不同，传统习俗不同，文化背景不同等，也会导致群体生活方式具有差异性，这种差异性其实也是一种个性。通过这些特性也反映出，社会生活方式作为满足人生活需要的行为活动方式，必须与人相适应，必须与人的生存发展相适应，必须与人的活动相适应。

虚拟性活动的形成，对人的社会生活方式也产生了重大的影响。这种影响主要表现在两个方面：一是更好地解决了原有社会生活方式的时空制约问题，二是极大地丰富了社会生活方式的形式和内容。在现实世界中，社会生活方式会受到物理时间与空间的制约，如人们购买生活用品的消费行为就会受到特定的时间与空间的限制，他们必须在商家经营的时间里，或步行或乘坐交通工具去某一超市、商场选购，离开了既定的时间与空间，消费就无法进行。而在虚拟世界里，同样的消费行为都可以在网络上完成，消费者既可以选择去任何能网上交易的场所，也可以选择任何的时间，消费时空可依人的意愿而确定。虚拟世界使时空呈现出更大的选择性、灵活性和可变性。消费者是如此，经营者也是如此，他们可以基于网络世界在任何时间与世界任何地方的人进行任何商品的交易，不受物理时空的限制。突破了物理时空限制后，人们的社会生活更方便快捷、方式更灵活、即时性更强，提高了生活节奏，也提高了生活质量。同时，网络世界的出现，也确实极大地丰富了人们社会生活方式的形式和内容。就拿精神文化生活中的学习方式来说，远程教育、虚拟大学、虚拟图书馆等不仅突破了原有学习时空的制约，使学习的时空更为灵活，而且使学习途径的选择面更多，学习的形式更为灵活，学习的内容更为丰富，为人们的个性发展创造了更好、更优的学习条件。总之，虚拟性活动的兴起和发展，使人们的社会生活方式发生了革命性的演变，这种演变也是一种重大的变革。

4. 虚拟性活动推动了社会交往方式的变革

人之为人，最根本的就在于人是社会的人，人的本质在其现实性上是一切社会关系的总和。而社会交往则是人们在社会生活、社会活动中发生的社会关系，是人与人之间的交互往来、相互联系、相互作用，它是人的一种社会性的活动，也是人赖以生存和发展的重要形式和重要联系。从定义上看，社会交往方式应该是指人们在一定的社会历史条件下所形成的交往活动的模式或样式，它反映着人们在满足自己生存和发展需要的生活、活动过程中所构建的交互往来、相互联系、相互作用的社会关系。这样的社会交往方式体现了人的本质和人的特性，也体现了人与其他一切动物的根本区别之处。因此，社会交往问题是马克思主义哲学研究的重要问题，社会交往理论也是历史唯物主义的重要组成部分。

人是社会的存在物，社会交往是人类的特性，也是人类特有的现象，人的生存和发展离不开它，由人构成的社会也同样离不开它。人是在一定的社会关系中存在和发展的，而人的社会关系的形成和发展是离不开社会交往的。只有现实的经济交往、政治交往和精神交往，才能构成人的社会经济关系、政治关系和思想关系，并且这些社会关系也是随着社会交往的发展而发展的。人不是孤立存在的，他必须不断地与他人交换物质、能量和信息，这是现实的人能够生存和发展的必要前提，而这种物质、能量、信息的交换是离不开社会交往的，是在社会交往的过程中实现的。人是有思想、有情感的存在物，他必须经常与他人进行思想的沟通和情感的交流，从而不断地提高自己的思想认识和丰富自己的情感，实现精神上的提升。社会是人相互联系构成的共同体，而人的联系是动态的联系，是在社会交往及其发展过程中形成的联系，因此，人类社会及其发展与社会交往及其发展是统一的，人类社会的发展过程与社会交往的发展过程具有一致性。从这一意义上说，没有社会交往及社会交往的发展，就没有人和社会的存在、发展；反之，没有人和社会的存在、发展，也不会有社会交往及社会交往的发展。人在发展，社会在前进，人的社会交往方式也会变化发展，其变化发展表现为从单调到多样、从简单到复杂、从低级到高级，既有量的渐进，又有质的飞跃。

虚拟性活动出现后，也使社会交往方式发生了重大的演变，其演变表现在多个方面。第一，改善了社会交往的手段。在虚拟世界中，人们依靠网络这一当代科技平台，运用高度信息化的手段，通过简单明快的界面点击就能实现着各种社会交往。这样的社会交往手段，除信息化程度高之外，还有便于掌控、交往轻松、个性化明显等特性。面对网络世界，虽然技术构成复杂但操作方式简捷，普通人都能迅速掌握并运用自如，使大众都能普遍接受并广泛参与；通过这种交往方式，能克服面对面直接沟通的拘谨心理，交往轻松，心情愉悦；人们在交往时能围绕自己的兴趣爱好进行，充分展现自己的个性特点和长处，从而形成情感融洽的交往主题和交往群体。第二，丰富了社会交往的内容。网络条件下的社会交往面远远超过现实世界，人们可以选择不同的内容与不同的对象进行交往，讨论交流的主题可以多样化、多层次，既能讨论天下大事，又能讨论个人小事，既能分析国家的经济、政治、教育、文化、国防军事问题，又能探讨人们的日常生活、情感意志，既能求教高深的理论，又能展示感性的认识，等等，交往的内容在日益丰富，交往的主题也在不断更新。第三，拓展了社会交往的空间。人们现实的社会交往受到生存地理空间和活动范围的限制，总是局限于一定的地域、区域的空间，甚至出现"鸡犬之声相闻，老死不相往来"的状况，而网络世界的兴起，使地球变小，空间压缩，人们可以在自己所在的生活区域与网络所及世界的每一个角落的人进行交往，庞大的世界变成了微小的"地球村"，不同国家、不同民族的人都成了村里能直接交往的"村民"。第四，节省了社会交往的时间。在网络世界里，社会交往手段的先进性和社会交往空间的压缩性也使交往时间变短，呈现了网络交往的即时性、便捷性。在现实生活中，交往时间与交往空间往往是紧紧连在一起的，人们只有经过一定的时间才能到达特定的交往空间，交往空间的距离远近决定着持续时间的长短，两者成正比，空间距离越远，所需时间就越长，反之亦然。而基于网络，人们可以在突破物理空间限制的同时，突破物理时间的限制，因为通过高度科技化、信息化的手段，人们根本不用考虑空间距离的远近，可以与网络所及世界的每一个角落的人进行交往，实现了交往的瞬间性、即时性，较大地节省了社会交往的时间。第五，提高了社会交往的实效。在虚拟社会中，人们交流的所有信息都以数码的形式组织起来，并以电子作为传送载体，实现同步实时传送，即时体现交往的效果。同时，网络条件下的交往是高效率的交往，它不仅提高了交往的频率，而且降低了交往的成本，符合现代社会快节奏、高效率、实效果的原则。应该看到，社会交往方式在虚拟社会中的演变也是一种革命性的变革。

5. 虚拟性活动推动了社会思维方式的变革

人是有意识能思维的能动存在物，人是社会的人，人的思维也是社会性的思维，是对社会存在的能动反映。能否思维、是否具有思维能力，是人猿揖别的重要标志，也是人的生命存在不同于动物生命存在的重要根据，因为只有人才能在思维中对自己生命存在的价值意义有深刻的认知和理性的把握，才能在思维中确定自己需要追求什么和怎样实现追求，也才能在这种理性追求的过程中思维清晰、紧随目标、自强不息、奋力拼搏，也才能真正地实现人生的价值，体现社会的意义。而人的思维总是具有一定方式的思维，思维的过程就是人的意识活动过程，思维的方式就是人在头脑中从事意识活动、理性思考问题的模式或样式。思维方式是人特有的，是人的能动性的表现方式。

人的思维能力和方式是属人的，但绝不是一直如此、从来不变的，它本身也经历了一个变化发展的过程。在人类诞生的初期，即原始渔猎社会的早期，人们是在恐惧自然、崇拜自然的前提下依赖自然、认识自然、作用自然的，生产极为简单粗放，意识尚处感性为主的初级阶段，思维能力低下，思维方式单一，基本上是单向型的简单思维。人的思维能力和方式也是随着人的发展、社会的进步而发展进步的。到了原始渔猎社会的中后期，特别是到了后期，随着生产力的逐步发展和科学技术的逐步形成，人的认识水平逐步提高，思维能力逐步提升，思维方式逐步优化，人类实现了从原始渔猎社会向古代农业社会的过渡，开始了人类文明的崭新阶段，也开始了人的思维能力和方式发展的崭新历程。从古代农业社会到近代工业社会再到现代信息社会，生产力的发展速度越来越快，人与社会的文明步伐越来越大，科学技术的进步程度越来越高，从而使人类对自然、对自身及其关系的认识越来越深刻，思维能力的提升越来越快速，思维方式的形式越来越多样，思维方式的创新越来越突出。特别是当代科技革命所导致的虚拟世界的出现，使信息社会的信息特征进一步凸显，为人的思维能力和思维方式的变革创造了新的科学技术平台和社会历史条件。

在虚拟化的网络空间里，社会存在发生了重大变化，作为社会存在意识再现和能动反映的社会思维能力与方式也随之发生了重大变化。概括起来，其变化表现出了几个方面的特性。一是虚实交融性。虚拟社会出现后，人既是现实性活动的主体，又是虚拟性活动的主体，生存和发展的需要既是现实性的，又是虚拟性的，作用的对象既是现实性社会的事物，又是虚拟性社会的事物，为此，人们在思维过程中，所采取的方式必须是虚实融合，既必须思考如何把现实性的需要通过虚拟性的设计使之变得更为理想化、更为合人化，又必须思考通过什么途径使虚拟化的理想需求变为现实性的东西，更好地满足人的需要。二是两端延伸性。在网络世界里，时间既可向前持续，又可向后逆转，为此，人们在进行思维时，既能基于虚拟现实技术从现在推测未来，形象地展现未来的发展前景和变化结果，又能从现在回溯过去，生动地再现以往存在过的事物和相关联系。三是结果即时性。在现实的思维活动中，思维的结果必须要通过现实的活动才能变为现实的结果，这一转变过程是现实作用的过程，也是时间持续的过程，它们是不同时、不同步的，而通过网络世界，这种思维的结果能够以生动的形象快速显现，体现了思维结果的即时性。可以说，虚实交融性、两端延伸性和结果即时性，体现了网络条件下人的思维能力和思维方式的变革性，也体现了人的思维能力和思维方式的创新性。

虚拟性活动对社会发展有着重大的推动作用，正效应居主导地位，这也是虚拟性活动能够兴起、发展的深刻根源。但它的作用也是辩证的，负效应也在一定程度上存在。概括起来，其负效应主要表现在几个方面。

第一，易于引起信息贫富差距。人类进入数字化的网络信息时代以后，信息富有者与信息贫乏者对信息资源的拥有状况是大不一样的，会导致两极分化的趋势,形成信息贫富差距,即形成数字鸿沟。据联合国人权发展报告的有关资料显示,全球收入最高的国家拥有的互联网用户占了总数的93%,而收入最低且占全球20%人口的国家,却只拥有全球互联网用户总数的0.2%,从财富的贫富差距到信息的贫富差距都极大。目前,国际互联网上绝大多数的信息为英文信息,使英文成为信息世界的独霸语种,西方文化也正凭借语言优势大举渗透到世界的各个角落。并且,西方发达国家基于网络技术上的优势地位,扮演着精神文化、思想意识和价值观念输出者和传播者的角色,成了"信息霸权者"和"信息殖民者",而发展中国家和欠发达地区的社会意识则在网络信息时代被弱化、边缘化了。

第二,易于引起意识形态冲突。在开放而又自由的虚拟世界中已经弱化了国家和地区之间的界限,但是,由于信息内容总要体现一定国家的文化传统、价值观念、政治主张,总要反映一定民族的风俗习惯、道德规范、宗教信仰,不同国家、民族的精神文化、价值理念、政治观念等社会意识形态在虚拟世界中发生碰撞甚至冲突在所难免。在这一过程中,一些发达国家打着"全球信息共享"、建设"信息高速公路"的旗号,充分利用自己的科学技术优势垄断信息、控制网络世界,大肆宣传自己的精神文化、政治主张、价值观念等,形成"信息霸权",从而造成边远落后国家的信息资源得不到有效的保护,信息自主权受到侵害,民族文化得不到发扬光大,价值观念遭受严重冲击,对发达国家的信息依赖性、文化依赖性越来越强。再者,网络上的恶意政治宣传也是一种不可忽视的现象,即由于社会制度的不同、意识形态的差异和国家利益的冲突,一些国家利用网络传播的方式,对与其处于矛盾状态的国家实施政治宣传、进行政治攻击、施加政治压力,迅捷地对其国民实施广泛直接的影响,如近年来各种反华势力通过互联网对我国进行的歪曲攻击,就是明显的例证。

第三,易于引起现实生活失序。在虚拟性活动中,人们具有极大的自由度,能够相对摆脱现实生活角色、责任以及诸多规范的约束,自由变换自己的身份,自由改变自己的形象,自由参与自己喜欢的活动,甚至自由地做自己在现实社会不敢做的事,这样,就会从虚拟生活的失序导致现实生活的失序。确实,在网络世界这一高度自由的环境中,人们在现实生活中受现实法规、伦理道德束缚的个人欲望有可能在虚拟生活中得到自由释放，人们在现实世界不能或不敢做的事有可能在虚拟世界里去大胆尝试，从思想上放纵自己，而思想是行为的先导，虚拟思想的放纵则易导致现实行为的放纵，进而引起现实生活的失序，这样的事例在现实生活中已不少见。

上述问题和负效应虽然不居主导地位，但也不能忽视，如任其扩大和蔓延，势必影响人类社会的文明进步。因此，如何加强网络和虚拟社会的管理、监控和引导，如何合理地规范人的虚拟性活动，尽量增大、增强其正效应，减少、减轻其负效应，也是我们必须予以高度重视并切实解决的重大现实问题。

三　人的虚拟性活动对自然界的辩证作用

包括虚拟性活动在内的人的一切活动都与自然界具有密不可分的关系，只要人还存在、活动还在延续，这种关系就不会中断。从根本上讲，人的活动与自然界的这种关系是人与自然界关系的直接体现，因为人正是通过自己的活动才与自然界发生关系的，离开了自己的活动，人与自然界之间就无法建立任何关系。为此，人与自然界的关系同人的活动与自然界的关系具有内在的一致性。只有有了人与自然界、人的活动与自然界的关系，才有二者的价值关系，也才谈得上人、人的活动对自然界的意义。在现实生活中，人与自然界的关系表现为相互联系的两个方面：人既对自然界具有必然的依赖性，又对自然界具有自觉的能动性，能动基于依赖，依赖蕴含能动。

一方面，人对自然界具有必然的依赖性。无论从人的起源还是从人的生存发展上看，都必然要依赖于自然界。从起源上看，人是自然界长期发展的产物，是从动物演化而来的，这已是举世公认的事实，著名科学家达尔文的进化论深刻地揭示了这一事实。达尔文的《人类的由来》一书对人类起源这一重大课题进行了科学的探讨，提出了人类起源于动物、人猿同祖这一科学结论。在书中，达尔文通过对人体结构、胚胎发育、残留器官等的研究，通过对自然历史追溯，给我们描绘了一幅人类如何起源的长长的谱系。从最早的原始海生动物到鱼类、两栖类、爬行类、哺乳类,再到猿猴类,通过猿猴特别是类人猿的长期进化,"在一个距今很荒远的时期里,人这个宇宙的奇观和宇宙的光荣,终于迈步而出"[①]。今天,人类学、考古学等科学的发展,又进一步证明了达尔文关于人和其他脊椎动物来自一个共同的祖系、人是从动物演化而来的结论。人类的起源已表明,人必然依赖于自然界。从存在和发展上看,人必须从自然界获取生活资料,必须同自然界进行物质和能量的交换。可以说,人无论保障其生存还是促进其发展,都得依靠自然界提供资源,物质生活是这样,精神生活也是这样。人们衣、食、住、行的资源都最终来自自然界,这正如马克思所说:"饥饿是自然的需要;因而为了使自己得到满足、得到温饱,他需要在他之外的自然界、在他之外的对象。"[②] 人的"食"的需要是这样,其他需要也是这样。物质生活需要依赖自然界,精神生活也需要依赖自然界。自然界是科学研究的主要对象,是意识反映的主要对象,是艺术展示的主要对象,是审美欣赏的主要对象,是情趣养成的主要对象等,并且精神生产所需的原材料都最终取自自然界。人类无论发展到何种阶段,对自然界的依赖都不会改变,只要人还存在,对自然界的依赖就是必然的、永恒的。从一定意义上说,人对自然界的依赖也体现了人是一种受动的存在物。

另一方面,人对自然界又具有自觉的能动性。人是依赖于自然界,需要自然界给其提供生存和发展的资源,但这些资源绝不是以自然的状态自然存在的,自然界不会自然满足人生存和发展的需要。换言之,人生存和发展的需要突破了直接肉体生命的限制与摆脱了纯粹物欲等的制约,构成了一个既有社会物质生活需要,又有社会精神生活需要的复杂多样、日益丰富和无限发展的动态开放系统,以致纯粹自在的自然界不会并且也不可能以现成的状态来自动满足人生存和发展的需要,从而构成了人与自然界的"应有"与"现有"的矛盾,并且这一矛盾是在纯自然的范围内永远无法自然解决的。然而人要想作为真正的、现实的人来生存和发展,又必须

---

① 〔英〕查尔斯·罗伯特·达尔文:《人类的由来》,商务印书馆,1983,第255页。
② 马克思:《1844年经济学哲学手稿》,人民出版社,1985,第125页。

要解决这一矛盾，克服这一状态。应该看到，人的需要不仅是人对其生存和发展所需东西的必然依赖，同时也是对这些东西的必然追求，即人的需要既包含着对自然界的必然依赖性，又包含着对自然界的自觉能动性。如果说人的需要体现着人的生存和发展缺乏某些东西的状态的话，那么，这种状态也就内在地蕴含着人自觉地摆脱、克服这种状态的状态。人作为一种有意识的生命存在物，需要什么、缺少什么就必须也必然要去主动地追求什么，这也是人与动物的重要区别之处。所以，人对自然界的"必然依赖性"与"自觉能动性"，也体现人是受动与主动相统一的能动存在物。

人与自然界、人的活动与自然界具有密不可分的关系，因此人在活动中必须重视自然界、认识自然界，在把握自然界的规律、尊重自然界的规律的前提下利用好自然界的规律，使自然界按照人的需要对象化，实现自然界与人的统一，而这种统一应该是既有利于人的生存和发展，又利于自然界合乎规律的运动。那么，人的活动是否能完全做到这一点呢？确实不能，因为事物的功能是辩证的，人的活动对自然界的作用也具有两重性。

应该看到，作为人类活动新形态的虚拟性活动，对自然界也有其不可替代的新的积极作用，这种作用是巨大的，也是多方面的。

1. 虚拟性活动有利于深化对自然界的认识

人类一诞生，就开始了对自然界的认识，因为人类必须依赖自然界而生存，必须通过自己的活动从自然界获取生活所需的物质资料，而为了能从自然界获得这些资料，为了有效地从事活动，人类就必须认识自然界。但在人类产生后的漫长时期里，由于认识能力很弱，人类的认识主要停滞在感性阶段，对自然界的认识是表面的、片面的、局部的，更谈不上对内在联系和本质的把握。随着人的逐渐发展、社会的逐渐进步和科学技术的逐渐形成，人类的认识能力逐渐提高，也逐渐地透过自然的现象把握自然的本质。经历了从原始渔猎社会到古代农业社会、近代工业社会再到现代信息社会的发展，人类不仅实现了技术社会形态的变革，也实现了认识能力的变革，能在更大的范围内和更深的层面上认识自然，且认识越来越全面、越来越深刻。而虚拟社会和虚拟性活动出现后，人类把握自然界的方式发生了重大变化，对自然界的认识也发生了重大变化。在网络空间里，通过信息技术、虚拟现实技术等，人们能将地理学、生物学、生态学与艺术学有机结合起来，用 3D 全息投影的方式，形象地呈现自然界的全貌，包括巍峨的群山、奔腾的河流、宽广的大海、茂密的森林、辽阔的草原，以及绚丽多彩的植物和种类丰富的动物，等等，给人以强烈的感官冲击，唤起人们对自然的审美情趣和热爱之情，在精神享受的过程中形成饱含深情的感性认识，为理性地把握自然界奠定了美好的感性基础。可以说，这样系统立体、富有美的感受、颇具情感因素的感性认识，是活动范围有限、观察视角有限的现实性活动难以做到的。更为重要的是，人们通过高科技的手段，能将与自然界相关的学科理论和基本方法融合起来，在形象地呈现自然界的外在表象和外部特征的基础上，生动地展现自然界的内在联系和运动规律，更好地透过现象而更清晰、更具体地把握自然界的本质，对自然界形成更为全面、更为系统、更为深刻的理性认识，为保护自然前提下的改造自然提供了良好的认识基础，也为生态文明建设营造了理性的思想氛围。

2. 虚拟性活动有利于人与自然的和谐相处

应该看到，人与自然的关系直接涉及人的生存发展，人与自然的关系状态直接影响着人的生存发展状态。从人类发展的过程看，人与自然的关系经历了三个阶段，呈现了三种状态。第一个阶段是崇拜顺从阶段。在这一时期，人对自然界的认识主要还处于对外部表象和表面特征的粗浅认识阶段，对雷鸣电闪、暴风骤雨等正常的自然现象缺乏正常的认知，由缺乏正常的认知而引起害怕，如由不能预知自然的变化而感到神秘，由不能应对自然的威力而产生恐惧。因此，这一时期的人们实质上是在崇拜、恐惧自然的前提下顺从自然，大自然给予什么就获取什么，虽有选择但选择性很小，选择面也很窄，人的活动基本以顺从、适应大自然的恩赐为主。这时的自然界是在几乎不受人为因素的影响下自然地运动。这种人对自然崇拜顺从的状态也是一种人与自然和谐相处的状态，只不过人是被动的，虽然被动中也蕴含着一定的主动性，但毕竟以被动为主，因此这种和谐相处是原始朴素的和谐相处。人与自然关系的第二个阶段是掠夺征服阶段。在这一时期，揭示自然规律的科学已日趋完善，与作用自然相关的技术日渐成熟，人们对自然的改造能力也日益增强，从而把自己看成自然的主人和征服者，没有全面认识人与自然的关系，没有深刻理解人与自然的双向作用，特别是没有充分认识自然对人的反作用，从而征服式地改造自然，掠夺式地开发资源。这种活动状态虽然积累了丰富的物质财富，改善了人们的生活条件，也遭到了大自然的无情惩罚，严重的生态危机已向人类敲响了警钟。人与自然关系的第三个阶段是和谐相处阶段。这一时期，人们已越来越清醒地认识到了掠夺式地征服自然的严重危害性和珍惜自然、促进人与自然和谐相处的极端重要性，因而越来越重视环境的保护和生态文明的建设，努力实现保护自然与改造自然的有机统一。应该肯定，全球范围内的环境保护行动已见成效。而虚拟性活动的兴起，则为人与自然的和谐相处提供了新的形式。在虚拟社会中，人们可以在现实改造自然之前进行虚拟改造，根据自己的需要，基于高科技平台上对自然从外在现象到内在本质的认识，选择更佳的改造对象，选择更佳的作用中介，选择更佳的作用方法，选择更佳的活动路径，形成更佳的活动方案，从而转化为现实的活动，既能使改造的效果更好，更符合人的生存发展需要，又能使活动对自然的破坏更小，更符合自然的发展规律，在更为理性的层面上实现人与自然的和谐相处。这种对自然从虚拟模拟到现实改造的价值意义，已引起了人们的重视，越来越多地运用于实践。人与自然的关系从崇拜顺从即原始朴素的和谐相处，到掠夺改造即造成人与自然的尖锐矛盾对立，再到理性的和谐相处即构建人与自然新的统一关系，也体现了事物发展的否定之否定的辩证过程。

3. 虚拟性活动有利于自然资源的合理利用

在现实生活中，资源的浪费是一种较为普遍的现象，其主要原因是我们在不少情况下对资源的利用缺乏合理的规划和优化的配置，盲目开发、过度开发、粗放开发，导致有限的资源遭受不必要的耗费。而在虚拟世界的虚拟性活动中，人们可以凭借虚拟现实技术的运用，对资源的配置进行先进的数字化的模型处理，选择效率最高消耗最小的方案，然后付诸现实的活动，在自然资源得到合理利用的前提下，实现活动的目的。再者，在现实的活动中，资源的存在和配置由于受到物理时空和地域条件的限制，只能局限于某一区域，资源难以做到最优化的配置，资源的作用也难以充分发挥。而现代网络技术、信息技术则像纽带一样将世界各地的资源紧紧联系在一起，使资源的配置突破了物理时空的限制，在全球范围内实现了更优化的组合，也使宝贵的、有限的自然资源得到了更充分的利用，发挥了更好的效益。可以说，虚拟社会的出现和虚拟性活动的兴起，为建设资源节约型社会提供了更好的方式和方法。

4. 虚拟性活动有利于开展生态文明的教育

人是有意识的能动存在物，人的活动总是有意识的活动，是在一定意识指导下进行的活动。意识是活动的先导，生态文明建设是以保护生态环境、促进人与自然和谐相处为主要目标的实践活动，生态文明的建设也是以生态文明意识、理念的形成作为前提的，因为只有人们都普遍具有了生态文明的意识、理念，才能真正理解良好的生态环境对人生存和发展的必要性与重要性，才能自觉地保护生态环境，主动地投身生态文明建设。一般说来，科学的意识、理念都不是自发、自然形成的，必须通过宣传教育而自觉接受、逐步确立，生态文明的意识、理念同样如此，也必然要经历一个从教育到接受再到确立的过程。而作为虚拟性活动平台的网络世界，对加强生态文明教育具有不可替代的优势。一是手段先进，它能凭借高科技的网络方便快捷地传送生态文明建设的理论、技术和方法等，将文字与图像更好地结合起来，使生态文明的教育内容更为生动活泼，形成更为强烈的冲击力和感染力，增强教育的效果。二是内容丰富，它能利用信息技术将有关生态文明建设的资料迅速汇集起来，从自然科学到社会科学，从历史到现实到未来，从宝贵的经验到惨痛的教训，使教育的内容丰富多彩，易为不同年龄、不同职业、不同文化程度、不同知识背景的人群所接受。三是影响面宽。随着网络硬软件的不断更新和升级换代，参与网络活动的人越来越多，网络影响面越来越宽，教育受众面越来越大，这对扩大生态文明教育的范围、影响更多的群体具有重要的作用。

当然，虚拟性活动对自然的意义也是双重的，负效应也难以避免，这也是事物辩证作用的具体体现。概括起来，其负效应主要表现在以下两个方面。

第一，易导致人现实地疏远自然环境。人在虚拟世界中也能感知自然、认识自然，但这种感知、认识是通过网络在界面上实现的。虽通过3D全息投影而具有立体感、形象感，可毕竟是虚拟的，不是现实的自然界，巍峨的群山、奔腾的河流、宽广的大海、茂密的森林、辽阔的草原，以及绚丽多彩的植物和种类丰富的动物等，都是以立体动画的形式出现的，不能现实地感受大自然的气息。更为严重的是，如果长期沉溺于网络空间，足不出户、与世隔绝，就会逐渐地疏远自然环境、脱离自然环境，慢慢地弱化对自然的情、对自然的爱，慢慢地失去珍惜自然环境、保护自然环境的责任感，进而影响生态文明的建设。

第二，易导致人自然地忽视自然功能。这一负效应与人现实地疏远自然环境有直接的联系和因果关系。如果人们长期只在虚拟状态中感知自然、认识自然，局限于虚拟自然的环境，如果人们长期沉溺于网络空间难以自拔，逐渐疏远自然、脱离自然，就会对自然界的功能特别是对人生存发展的价值缺乏真实的认知，就会对人与自然应如何进行现实的物质、能量交换缺乏深入的思考，就会对人与自然应如何和谐相处缺乏深度的探索，就会对人珍惜现实自然、保护现实自然的必要性、重要性缺乏深刻的理解，长此以往，人确实会自然而然地在面对自然时失去责任感和使命感，成为生态文明建设的旁观者。

同理，上述问题和负效应的出现也不能忽视，如任其蔓延，危害也会越来越大。这也同样说明，加强网络和虚拟社会的管理、监控和引导，合理规范人的虚拟性活动是非常必要的。

第七章 人的虚拟性活动的合理规范

虚拟社会的出现，虚拟性活动的兴起和发展，使人类社会从物理空间拓展到了虚拟空间，使人类的活动呈现了新的形态，对人、社会和自然产生了极为重要的积极作用，它创新了人的活动方式、提升了人的主体地位、提高了人的综合素质、增强了人的活动能力、提高了人的活动效率、扩大了人的联系范围、促进了人的个性发展，推动了社会存在方式、生产方式、生活方式、交往方式、思维方式的变革，有利于深化对自然界的认识、有利于人与自然的和谐相处、有利于自然资源的合理利用、有利于开展生态文明的教育，这种正效应是主要的、占主导地位的。但虚拟性活动又有其负效应，如易于导致人的自主性的缺失，易于导致人理性思维的退化，易于导致人的道德失范，易于导致人的机体生物性的弱化，易于引起信息贫富差距，易于引起意识形态冲突，易于引起现实生活失序，易于现实地疏远自然环境，易于自然地忽视自然功能，等等。这种负效应虽然不是主要方面，不占主导地位，但也不能忽视，如任其蔓延扩大，势必影响人的发展、社会的进步和生态文明的建设，因此，必须合理规范人的虚拟性活动，尽量增强其正效应、减少其负效应，促进虚拟性活动健康、规范、有序地发展。

一 合理规范的根据

之所以需要合理规范虚拟性活动，主要因为虚拟性活动对人、社会和自然具有双重效应，既有有利于人、社会、自然发展的积极的正效应，又有不利于人、社会、自然发展的消极的负效应。关于虚拟性活动分别对人、社会、自然有哪些正效应和负效应，已在上一章即"人的虚拟性活动的价值意义"中进行了具体的分析，因此就不赘述了。在此，我们主要从哲学的视角探讨为什么包括虚拟性活动在内的人的活动一定会有正负效应，即正负效应到底是什么关系；评判正负效应应该坚持哪些原则；人能不能完全消除负效应，负效应产生的根源是什么；在如何合理规范虚拟性活动即如何增强其正效应、减少其负效应的过程中应注意哪些问题等，从而为从方法论上有针对性地提出合理规范虚拟性活动的对策、建议提供理论根据。

虚拟性活动是人的现实性活动的延伸和创新，是人的新的活动形态，但它与现实性活动存在着既延续又突破的关系，从本质上讲，它仍然属于人的活动范畴，也是人的活动的重要组成部分，必然同样具有人的活动的共性。包括虚拟性活动在内的人的活动都具有双重效应，这种双重效应本身就是事物功能、作用矛盾性的体现，因此，正负效应的关系就是对立统一的关系。

一方面，正负效应是对立的。正负效应是事物性质相反的两种作用，正效应必须是有利于事物发展的积极作用，而负效应则是不利于事物发展的消极作用。具体到人的活动，特别是作为人新的活动形态的虚拟性活动而言，凡是能积极地促进人、社会、自然发展的作用，就是正效应，反之，凡是会消极地阻碍人、社会、自然发展的作用，则是负效应。正负效应性质不同、作用不同，相互排斥、相互否定。这样来区分正负效应，与人的活动目的是保持一致的，也与人的发展趋势、社会的发展趋势、人与自然关系的优化趋势是保持一致的。

人的活动是为人的活动，它是人为了满足自己生存和发展的需要而从事的活动，人是自己活动的出发点，也是自己活动的归宿点，人从事活动的最终目的就是使自己能更好地生存和发展。可见，只有能实现这一最终目的的活动才是对人有利、有积极作用的活动，其效应才是正效应，性质相反的活动所形成的效应就是负效应。当然，这里所说的人不是指单个的人，而是指作为人类整体代称的人。从这一意义上说，人在活动中对正效应的追求就是对自己生存和发展目标的价值追求，这样的价值追求体现着人的整体利益和长远利益，体现着人的本性和价值取向，体现着人自我完善、自我发展的内在要求。因此，以是否符合这一价值追求作为区分正负效应的基本依据,深刻地表明了人的活动是为人的活动,而只有为人的活动才是真正属人的活动,真正属人的活动也必然是为人的活动,即只有为满足自己生存和发展需要而从事的活动才是人所特有的有意识有目的的能动活动,人所特有的有意识有目的的能动活动也必然是为满足自己生存和发展需要而从事的活动。同时,人是在社会中生存和发展的,又必须依赖自然界。良好的社会环境和自然环境是人生存和发展的重要前提,而良好的社会环境和自然环境又是通过人自己的活动创造和营造的。人的活动发展状态、人的发展状态、社会的发展状态、自然环境的优化状态是互为因果的。从人类社会的发展过程看,它们都是波浪式前进和螺旋式上升的,发展趋势具有正相关性和内在一致性,为此,有利于人生存和发展的活动,也是符合人的发展趋势、社会发展趋势和人与自然关系优化趋势的活动,其效应也必然是正效应,否则就是负效应,在任何社会形态和任何历史时期都是如此。从这一视角看,区分正负效应的基本依据是不变的、绝对的,正负效应的区别和对立也是不变的、绝对的。虚拟性活动虽然是人的活动的创新和新的形态,但它仍属人的活动范畴,仍是人的活动的有机组成部分,其正负效应同样具有上述的性质和规定性。

另一方面,正负效应又是统一的。正负效应的统一性也有多种表现形态,它们既相互依存、相互包含,又在一定条件下相互转化。

第一,正负效应是相互依存的。正负效应是共存于人的活动中的,它们总是相对应而存在的,它们总是相对于对方而获得自己的规定性的,没有正效应就无所谓负效应,没有负效应也无所谓正效应,纵观整个人类发展史和人类活动史,只有正效应而无负效应的活动或只有负效应而无正效应的活动都是不存在的,正负效应总是相随相伴、相生相依的,这正如马克思所说:"在我们这个时代,每一种事物好像都包含有自己的反面。"[①]任何事物都包含着矛盾的两个方面,矛盾的两个方面也体现在事物的作用上。人的活动也是如此,正负效应总是同时共存的,区别只在于它们在不同的条件下表现形态不同而已。虚拟性活动作为人的活动在当代科技革命条件下的创新性延伸,必然也是正负效应相依存的活动,如前所述,只是

[①] 《马克思恩格斯选集》第 1 卷,人民出版社,1995,第 775 页。

正负效应的表现形式呈现出了新的特点而已。

　　第二，正负效应是相互包含的。对包括虚拟性活动在内的人的活动而言，没有纯粹的正效应，也没有纯粹的负效应，正效应和负效应总是相互包含、相互交错、相互渗透地存在着的，如在开发新能源的活动中，核能的利用，在石油、煤炭等能源资源日益减少的条件下，为人类开辟了能源利用的新时代，这无疑是能源利用史上的新篇章，它为人类的生存和发展带来了新的福祉，产生了重大的积极影响。但是，正是在核能利用的同时，却包含了核能利用时的可能隐患，即负效应。而这一点，也为后来发生的核泄漏事故所证实，特别是苏联1986年4月发生的切尔诺贝利核电站的核泄漏事件最为严重，造成30人当场死亡，8吨多强辐射物泄漏，使核电站周围6万多平方公里土地受到直接污染，320多万人受到核辐射侵害。再如现代化的农业大生产，各种化肥、农药的使用为农业的增产创造了条件，这对人的生存和发展是相当有利的。但是，在农业获得增产的同时，出现了土地质量下降、粮食受到污染等不良后果，这对人的生存和发展又是不利的。虚拟性活动也同样存在这样的情况，如人在网络世界的活动极大地减少了与自然界直接接触的机会，避免了人对自然环境的污染和对自然资源的浪费，这有利于人与自然的和谐相处，但是，长期远离自然，又易于逐渐疏远自然、脱离自然，慢慢地弱化对自然的情、对自然的爱，慢慢地失去珍惜自然环境、保护自然环境的责任感。因此说，正效应和负效应又是相互包含、相互交错、相互渗透的，这种正负效应的相互包含性、相互交错性、相互渗透性，也从一定意义上表明，正负效应的区别又是可变的、相对的。

　　第三，正负效应又是在一定条件下相互转化的。正负效应的界限不是凝固不变的，它们在一定的条件下是能够相互转化的。恩格斯曾关注过这一问题，他在《自然辩证法》中强调："我们不要过分陶醉于我们人类对自然界的胜利。对于每一次这样的胜利，自然界都对我们进行报复。每一次胜利，起初确实取得了我们预期的结果，但是往后和再往后却发生完全不同的、出乎预料的影响，常常把最初的结果又消除了。"① 他还列举了大

---

① 《马克思恩格斯选集》第4卷，人民出版社，1995，第383页。

量的事例来说明这一问题,如:"美索不达米亚、希腊、小亚细亚以及其他各地的居民,为了得到耕地,毁灭了森林,但是他们做梦也想不到,这些地方今天竟因此而成为不毛之地,因为他们使这些地方失去了森林,也就失去了水分的积聚中心和贮藏库。阿尔卑斯山的意大利人,当他们在山南坡把在山北坡得到精心保护的那同一种枞树砍光用尽时,没有预料到,这样一来,他们就把本地区的高山牧畜业的根基毁掉了;他们更没有预料到,他们这样做,竟使山泉在一年中的大部分时间内枯竭了,同时在雨季又使更加凶猛的洪水倾泻到平原上。在欧洲传播栽种马铃薯的人,并不知道他们随同这种含粉的块茎一起把瘰疬症也传播进来了。"[①] 在现实性的活动中会出现正负效应相互转化的情况,在虚拟性活动中也存在类似情况,如网络世界扩大了人的交往范围,使人们可以不受区域、国别、种族的限制,与世界各地、各民族的人进行思想认识的交流,结交网友,建立网上之情感,形成广泛的虚拟开放状态;但如果一味沉溺于网络世界,忽视现实世界的人际交往,忽视与身边亲人、朋友的思想交流和情感沟通,又会造成狭窄的现实自闭状态,疏远亲人、朋友,淡化亲情和友情。这种正负效应在一定条件下的相互转化性,也表明正负效应的区别具有可变性、相对性。

  我们在研究正负效应时,既要看到它们的辩证性,即看到正效应与负效应的对立统一关系,看到正效应与负效应区分的绝对性与相对性,又要看到它们的不平衡性,即它们的地位和作用是有差异的。在人的活动结果中,正效应与负效应并不是各占一半、完全等同的,而是不平衡的。自从人类诞生、人类社会形成以来,虽然正效应与负效应相互依存、相互包含、相互转化,共存于人的活动中,但从整个人类活动史和社会发展史看,正效应是居主导地位、起主导作用的方面,这也是人类得以不断发展、社会得以不断前进、自然得以不断人化以及生产力得以不断提高、科学技术得以不断进步、社会文明得以不断提升、社会生活得以不断改善、社会财富得以不断丰富的内在根源和根本保障。当然,也不排除负效应在某个发展时期、某个发展阶段、某个局部范围成为主要方面,但它往往是短期的、暂时的、局部的,并不会影响正效应在整个人类历史进程中的主

[①] 《马克思恩格斯选集》第4卷,人民出版社,1995,第383页。

导地位和主导性的作用。可以说,这是人类社会的发展总是呈现波浪式前进或螺旋式上升趋势的重要原因,也是人类世代相继、孜孜不倦、积极主动地从事属人、为人的目的活动的重要根据,还是人的自觉能动的、富有创造力的本质力量的重要体现。无论过去、现在还是将来,正效应都居于主导地位,这也是不以人的意志为转移的必然趋势。从上一章的分析可以看到,虚拟性活动对人、社会、自然的正效应同样是巨大的,同样是居主导地位的,这也是当代科技革命条件下虚拟性活动得以兴起和发展的深刻根源。

从根本上讲,对人的活动正负效应的评价就是对人的活动结果进行价值评价,而要进行科学的价值评价就要坚持科学的评价原则,对虚拟性活动的价值评价同样如此。一般说来,活动结果的价值评价应该坚持四个原则,即客观性原则、历史性原则、全面性原则和发展性原则。

所谓坚持客观性原则,就是要从客观现实出发,实事求是地评价活动的正负效应,避免主观随意性,如对网络活动的评价就应如此。网络活动是当代高科技发展的必然结果,是人类的智慧结晶,它形成了人类新的活动形态,延伸了人的感觉器官和思维器官,突破了人的感官和大脑的自然局限性,极大地提高了人接受信息和分析、处理问题的能力;它扩大了人的交往范围和生活领域,突破了区域、国家的限制,使世界成了"地球村",使人类成了"地球村"的"村民",形成了虚实统一的、更为丰富多彩的交往方式和生活方式;它拓展了人们的生存和发展方式,突破了物理时空的制约,使人们能在更为理想化的、虚拟与现实结合的时空中生存和发展,自由度更高,幸福感更强,个性发展更充分;等等。因此,网络活动虽然也有一定的负效应,但它的利是远远大于弊的,对此必须予以充分的肯定。

所谓坚持历史性原则,就是要将活动放在特定的历史条件下,历史地评价其正负效应。如对捕杀野生动物的行为,在不同的历史条件下,其价值评价就是有差异的。在原始渔猎社会漫长的岁月里,由于生产力水平低下,生产工具粗糙简陋,作用自然的能力极弱,生活资料极为匮乏,人们只能以狩猎、捕鱼、采集果实为主,为了种族的生存和延续,必须大量捕杀野生动物。在当时的历史条件下,大量捕杀野生动物就是合情合理的、积极的行为，具有正效应，是应该予以肯定的。而社会发展到了今天，在生产力高速发展、生活资料日益丰富、人与自然的和谐相处日显重要的条件下，大量捕杀野生动物必将破坏生态平衡，造成人与自然的关系恶化，最后必将危及人类自己的生存和发展，因而其行为是非常有害的，后果是相当严重的，是必须予以谴责的负效应。虚拟性活动是新的历史条件下的产物，对它的效应的价值评价，也应坚持历史性原则。

所谓坚持全面性原则，就是要从人类和社会的整体利益出发来全面评价人的活动，对其正负效应做出更为系统的价值判断，避免片面性。例如，在对前面提到的核能开发和利用的效应进行评价时，就只有坚持全面性的原则，才能形成客观而科学的价值判断。在一定的范围内和一定的条件下，核能利用确实存在泄漏的危险，有污染自然环境、影响一定生活区域里的人生存的负效应，如前面所说的苏联1986年4月26日发生的切尔诺贝利核电站的核泄漏事件，就导致8吨多强辐射物泄漏，使核电站周围6万多平方公里土地受到直接污染，320多万人受到核辐射侵害，成为人类和平利用核能史上的最大一次灾难。再如，日本东北部海域2011年3月11日发生9级强烈地震，导致福岛第一核电站发生爆炸与核泄漏事故，给大气和海洋环境造成了严重污染，虽然事故发生已经过去了多年，其影响还在持续，但是，从人类和社会的整体利益看，核能的开发利用对于有效解决人类社会所面临的日益严重的能源危机，更好地保障整个人类的生存和发展，有着越来越重要的作用，利远远地大于弊，其正效应占据主导地位，起主导性的作用，应该持肯定态度，予以支持。虚拟性活动已是全球性的活动，越来越多的人正参与进来，其越来越成为全人类的活动，与整个人类的关系也越来越密切，因此，在对其效应进行价值评价时，理应坚持全面性原则。

所谓坚持发展性原则，就是要从人类和社会的长远发展出发来评价活动的正负效应，做出符合人类和社会长远利益的价值判断。例如，在对"毁林造田""围湖造田""围海造田"等活动的效应进行评价时，就只有坚持发展性的原则，其价值判断才可能是客观科学的。在一定时期内，"毁林造田""围湖造田""围海造田"能在一定程度上解决人口增多与土地资源有限的矛盾，扩大耕地的面积，增加粮食的产量，满足人们对粮食的需求，因而具有正效应；但从人类的发展和社会的进步看，从人类和社会的长远利益看，"毁林造田""围湖造田""围海造田"等活动会严重破坏生态环境，打破生态平衡，给人类和社会的长远发展造成难以弥补的损失和巨大的灾难，害远远大于利，实际上是负效应占据了主导地位和起主导性的作用，对此必须持否定态度，予以坚决反对。虚拟性活动就是人的发展、社会发展和科技进步的必然产物，本身也在不断地变化发展，软硬件也在不断更新，因此，在对其效应进行价值评价时，也必须坚持发展性原则。

在现实生活中，人的活动是具有正负效应的活动，正效应与负效应是对立统一的，它们既相互区别，又相互依存、相互包含、相互转化，那么，人能不能在活动中只保留有利于自己生存和发展的正效应，完全消除不利于自己生存和发展的负效应呢？答案是否定的。人只能通过努力尽量增大、增强正效应，减少、减轻负效应，绝不可能完全消除负效应，因为任何事物及事物的作用都包含着矛盾，矛盾的存在是普遍的，也是必然的、难以避免的，不以人的意志为转移。人的活动是自觉能动的活动，是人为了满足自己生存和发展的需要而进行的有目的的活动，人的活动必然要追求活动目的的实现和自己需要的满足，追求对自己生存和发展有利的活动结果，追求积极有利的正效应。人的活动也确实做到了这一点，在人的活动发展史和社会发展史上，正效应占据着主导的地位，起着主导的作用，其积极意义是显而易见、不能否定的，这也是人类不断发展、社会不断进步的根源。那么，为什么人的活动的作用必然有消极的一面，且不可避免地产生负效应呢？应该看到，导致人的活动产生负效应的原因是多方面的，这些原因同样适用于虚拟性活动，因为虚拟性活动仍然属于人的活动，同样具有人的活动的本质和属性。

第一，人的活动难以做到合目的性与合规律性的绝对统一。我们知道，人的活动只有做到既合目的性又合规律性才是合理的、理想的，其活动的效应才是积极有利的。但是，在现实的活动中，合目的性和合规律性难以做到绝对的统一、完全的一致，人的尺度与物的尺度总是表现为矛盾性的符合和动态性的统一，只能做到大体的、基本的一致。这样，一方面，做到了符合人的目的性和需要性，却又会有程度不同地违背外部世界客观规律性的情况发生，因为外部世界本身是变化发展的，其内在联系和发展规律是动态的，是逐步显现出来的，对其认识和把握是一个持续不断、逐渐深化的过程，而处于一定历史阶段的人难以做到丝毫不差地完全合乎规律，其活动也会程度不同地偏离动态的规律，从而出现负效应；并且，外部世界走着自己的路，有着自己的发展规律，它不会为人的目的和需要而存在、而发展，当人的活动从自己的目的和需要出发而在一定程度上违背外部世界的规律时，也必然会产生负效应，"拔苗助长"就是典型的事例。另一方面，人又有自己的目的和意志，在活动中他不仅按照客观规律行事，还要按其目的行事，当人的活动目的偏离人性发展的要求、人类的价值取向和共同的利益需求时，也会产生负效应。如使用有毒有害物质加工食品和违规使用添加剂的行为，就是一些人基于非法牟利的目的而违背法律规定、社会公德和人类公理所从事的非法活动，对社会危害极大，负效应极为明显，必须予以坚决制止和严厉打击。应该看到，虚拟性活动虽然是一种新的活动形态，但仍属人的活动范畴，确实也难以做到合目的性与合规律性的绝对统一，产生一定的负效应是在所难免的。

第二，人及人的活动总是受到一定条件的制约而具有历史局限性。人的活动始终是人所进行的活动，人的活动的主体始终是人，而现实中的人不是绝对自由、不受任何限制的人。自然必然性、历史必然性和传统观念等总会限制、束缚人和人的行为，人的本质力量与活动能力在历史生成和历史发展过程中总会有其非完满性与历史局限性，因此，人在作用和改变对象世界的过程中，在创造理想的对象世界的过程中，也不可避免要对对象世界造成一定的破坏，产生一定的负效应。在人的活动中，创造与破坏是共生共存的，没有创造，人类就无法走出动物界，人类就丧失了创新与前进的动力；而有创造就有破坏，没有任何破坏的创造在现实生活中是根本不存在的；而有破坏就会产生负效应，这也是难以避免的。创造总是会有代价的，区别只在于有的代价大一些，有的代价小一些，有代价则是普遍的、必然的。比如，在人类社会的发展史上，每一次社会形态的更替都是新的社会形态取代旧的社会形态，都是一次社会的变革、创新，它解放和发展了生产力，使人类发展进入了新的阶段，使社会文明迈上了新的台阶，但是，社会变革过程中的社会动荡等"阵痛"则是必然存在的，这种"阵痛"就是代价，也是一种负效应。因此从根本上讲，人类在追求创造的过程中只能减轻、减少破坏，不能完全消除破坏，不能完全没有代价，也不能完全消除负效应。人类也正是通过追求创造和抑制破坏，不断提高自己活动的自由自觉的程度，使自己日益成为自觉能动的活动主体。虚拟性活动作为人的活动的拓展和延伸，同样要受到一定条件的制约而具有历史局限性，这也是难以避免的。

第三，人的活动的构成系统、运行机制也具有突出的复杂性。人的活动理应是一个包括人、自然、社会在内的系统工程，人理应从系统性、整体性出发，追求反映这一系统的内在联系的全面性的目标。即人在自己的活动中，既要保证在对该系统的改造过程中获得成功，从而满足自己生存发展的需要，又要同时保证该系统能够持续正常地运行，从而不损害和影响人类的长远利益。然而，这确实是难以完全做到的。这是因为，人、自然、社会相互联系、相互作用所构成的系统是十分复杂的，其运行机制和运行状况及其结果也是十分复杂的，而在具体的社会历史过程中，人的具体活动只能追求特定的目标，人不可能做到既完全了解该系统的所有矛盾和性质，又完全估计到自己的活动将给该系统造成的所有影响和后果，所以，人的活动总会带有一定程度的无知性和盲目性，就难以避免地产生一定的负效应。如目前全球生态危机、环境危机形成的主要根源，就在于人类在相当长的时期内对处于一定系统中的人与自然的关系的把握和处理具有一定程度的无知性和盲目性，只看到人改造自然、征服自然、主宰自然的一面，忽视了人还有尊重自然、维护自然、保护自然的一面，从而造成了目前困扰人类生存和发展的生态危机、环境危机等严重后果，代价是沉重的。虚拟性活动的构成系统和运行机制本身也具有突出的复杂性，人们对其复杂性的认识也是一个逐步深化的过程，在这一过程中，也会出现某种无知性和一定程度的盲目性，形成负效应。

第四，正负效应的暴露及人对正负效应的认识具有过程性。从发展的角度看，人的活动的双重效应也经历了一个在现实中逐渐暴露、逐渐明显和在观念中逐步被认识、被把握的历史过程，这一过程也是漫长的、尚未结束的。只要人类还在世代延续、不断发展，人的活动还在持续进行、不断更新，这一过程就会绵延不断、不会停止。从现有的历史发展过程看，双重效应的暴露经历了一个从潜到显的过程，人对双重效应的认识也经历了一个由浅至深的过程。大体说来，在前资本主义社会，人的活动能力低下，活动效率低下，活动范围较为狭小，活动节奏缓慢，活动的有效性较弱，破坏性也是微小的和局部性的，效应的双重性虽然存在，但尚未明显地表现出来，人们对此也缺乏明确的认识。在资本主义社会的早期，人的活动能力明显增强，活动效率大幅度提高，活动范围日益拓展，活动节奏日益加快，活动的利与弊同时被放大，双重效应日益凸显。虽然一些有识之士在肯定资本主义生产力巨大发展的同时也一再揭露了资本主义生产方式的弊端，但工业文明的利和正效应以压倒性的优势遮盖了其中的弊和负效应。因此，在相当长的历史时期，人们往往只看到人的活动的积极的正效应，相对忽视或未能充分认识到人的活动的消极的负效应。进入20世纪以来，特别是二战以来，人的活动开始实现世界一体化，活动的利与弊、正效应和负效应以全球性的形式体现出来，特别是当代全球问题的爆发更是给人的活动敲响了警钟，使越来越多的人开始关注与反思人的活动的双重效应，并在某种程度上达成了共识，从而也为我们从哲学层面上研究人的活动的双重效应奠定了基础。当然，现有的认识也不是最后的、终极的认识，随着人的发展和社会的进步，这样的认识还将继续、还将深化。虚拟性活动作为一种新的活动形态，其正负效应的暴露及人们对其正负效应的认识也具有过程性，如果认识不深刻、不全面、不与时俱进，也会导致负效应的产生。

第五，科技风险也会导致一定的负效应。科学技术是人类智慧的结晶，也是科技工作者所从事的科技活动的产物，它对人类的发展和社会的进步具有巨大的推动作用，其贡献是毋庸置疑的。但是，科学技术也会滋生风险，即形成科技风险。艾志强先生认为："科技风险主要指由于科学技术本身及人们对科学技术的不恰当运用所导致的各种负面效应给人类的损害，科技风险与人类实践存在一种伴生的关系。"[1] 从类型上看，"科技风险可以分为科技的内部风险和外部风险。内部风险主要指科学技术本身在产生和发展过程中所蕴涵的内在风险。由于人类认识的历史局限性，科

---

[1] 艾志强：《科技风险与科学技术的公众认知》，《辽宁工业大学学报》2009年第3期。

学技术总是存在一定的不完备性。而科学技术并不只是存在于实验室里，许多科学的功效和技术的性能只有通过实际操作才能得到检验，而这种检验就包含着由于各种'意外'事故而引发的社会风险。科学技术的外部风险主要指人们对于科学技术的不恰当应用所导致的风险。科学技术从产生之日起就和人、社会发生着直接或间接的联系和作用，在这样的进程中，政治的、经济的、军事的、文化的等各种社会因素总是要对科学技术的发展产生这样或那样的影响和作用，由于其中夹杂着不同的功利性和价值观，因此，这种影响和作用不可避免地要造成各种负面效应。科学技术的外部风险由此也在不断发生"。① 从影响程度上看，科学技术的外部风险如果发生，其影响通常大于科学技术的内部风险。并且，科技风险较之于传统的其他风险，后果也往往要严重得多。传统的其他风险主要是影响社会生活的某些领域、某些方面，而科技风险在许多情况下则表现为整体的、复合的，往往会影响整个社会及人类的生存和发展，如温室效应、臭氧层破坏等。应该看到，科学技术也是"双刃剑"，完善它和正确地应用它，就能造福人类，成为人类文明进步的不竭动力，反之，则会危害人类。也正是从这一意义上，中国科学院原院长路甬祥院士强调："科学技术是人类共同创造的知识财富，具有可积累，可共融，可分享，可再创造等特点，理应造福更多人，造福全人类。同时我们也应该清醒地认识到，科学技术也是一柄双刃剑，科学技术一旦被滥用，也有可能危及自然生态、人类伦理及人类社会与自然界的和谐与可持续发展，带来新的不平等、不安全、不持续，甚至给人类带来新的灾难。"② 科学地认识科技风险，对我们自觉地防范科技风险，充分发挥科学技术的革命性作用具有重要的意义。虚拟性活动本身就是高科技的产物，是科学技术的结晶，从一定意义上说，"双刃剑"的现象同样存在。

需要强调的是，肯定负效应产生的必然性、不可避免性并不意味着负效应是合理的，具有合理性。应该看到，必然性与合理性是不能画等号的，必然的东西并非都是合理的。我们之所以要从哲学层面研究人的活动

---

① 艾志强：《科技风险与科学技术的公众认知》，《辽宁工业大学学报》2009 年第 3 期。
② 《北京青年报》2008 年 12 月 16 日。

的双重效应，承认负效应产生的必然性和不可避免性，其目的是对人的活动特别是人的虚拟性活动的辩证作用进行理性的反思，分析负效应产生的根源，正视负效应的存在，力争抑制负效应，尽量减少负效应，从而不断增强正效应，提高人的活动的有效性，提高人的活动的效率。

正因为人的活动具有双重效应，特别是存在不利于人、社会和自然发展的负效应，所以必须合理规范人的活动，通过合理规范来增强其正效应、减少其负效应。虚拟性活动作为一种新型的人类活动，正负效应正在逐渐显现，且越来越清晰，特别是其负效应，对人、社会和自然是相当有害的，如任其蔓延、扩大，势必影响人的发展、社会的进步和人与自然的和谐相处，所以也必须对其进行合理规范，尽量减少、减轻其负效应，推动虚拟性活动健康、规范、有序地发展。

必须看到，对虚拟性活动的合理规范不会一蹴而就，而要经历一个过程，从其现实性上看，这一过程具有长期性、复杂性和艰巨性。

首先，对虚拟性活动的合理规范具有长期性。虚拟性活动是当代科技革命的产物，计算机技术、信息技术、网络技术、虚拟现实技术等的迅猛发展催生了网络世界，使人的活动从物理空间拓展到虚拟空间，形成了以"数字化符号"为中介的虚拟性活动。当代科技革命方兴未艾，计算机技术、信息技术、网络技术、虚拟现实技术等还在不断创新，人的虚拟性活动也处于持续、快速的发展过程中，这一过程是变动的，也是长期的，因而对虚拟性活动的合理规范就不会停留于某种固定的状态和某个特定的阶段，也必须是动态的、长期的，过程性与长期性是内在统一的。从根本上讲，对虚拟性活动的合理规范就是对人的合理规范，因为人是虚拟性活动的主体，是活动系统中唯一能动的、起主导作用的要素，是虚拟性活动的发起者、主导者、操作者和享受者，只有合理规范了活动主体，才能更好地合理规范活动。而对人的合理规范，必须内因与外因相结合、自律与他律相统一，这种内因与外因的结合、自律与他律的统一绝不是一朝一夕就能完成的，也有一个过程，也具有长期性。

其次，对虚拟性活动的合理规范具有复杂性。虚拟性活动本身就是由各种要素相互作用构成的系统，这一系统具有复杂性。从结构上看，虚拟性活动的构成要素是复杂的，虽然其基本要素与现实性活动一样，都包括活动主体、活动客体、活动中介，但这些要素已发生了重大变化。相对于现实性活动，虚拟性活动的主体除人之外，还包含智能化的机器和程序，从而形成了虚拟性活动的新型主体即人机结合体，这种人机结合体由现实的人与物化的技术设备及相关程序有机组成，以文本形式标示身份和主导虚拟性活动，构成更为复杂；活动客体除现实具体存在的对象之外，还包括以信息、比特等形式出现的客体，即抽象存在也被纳入主体作用的范围，形式更为复杂；活动中介除物理性的机器工具之外，还需要与数字化的软件程序相结合而形成的智能化的中介系统，构件更为复杂。虚拟性活动构成系统的复杂性，也导致了虚拟性活动合理规范的复杂性。从结果上看，现实性活动的结果是以现实的状态存在于现实世界的物理空间中，以特定的方式满足特定的人的特定需要的，但虚拟性活动的结果不再是纯粹感性的物化形式，而是能够以高度抽象的信息、符号或数字的形式呈现在网络世界中，以电和磁的方式存储和传播，方便了不同主体间的复制和共享，这种活动结果的新颖性和用途的多样性也导致了合理规范的复杂性。

最后，对虚拟性活动的合理规范具有艰巨性。合理规范的艰巨性与虚拟性活动构成要素的复杂性有着直接的关系，由于虚拟性活动的构成要素较之现实性活动更为复杂，对它的合理规范的难度就会更大。如前所述，与现实性活动相比较，虚拟性活动的基本要素都发生了重大变化，而这种变化不仅表现在构成上、结果上，也表现在特征上。虚拟性活动主体除同样具有现实性活动主体的自然性、社会性、意识性之外，还体现出人机结合性、虚实交融性、隐显统一性等特征；虚拟性活动客体除同样具有现实性活动客体的对象性、价值性、客观性、发展性之外，还呈现出高度抽象性、虚拟现实性、超越现实性等特征；虚拟性活动中介除同样具有现实性活动中介的客观性、创造性、有用性、知识物化性、历史性之外，还具有高度智能性、高度数字性、高度开放性等特征。一般说来，事物的性质越复杂，处理的难度就越大，两者是成正比的。而较之现实性活动，虚拟性活动的主体、客体和中介的特征更多样，性质更复杂，从而导致合理规范的难度就更大，合理规范的任务也就更艰巨。

所谓合理规范人的虚拟性活动，实际上就是用合理性的标准来评判人的虚拟性活动，规范人的虚拟性活动，尽可能减少、减轻人的虚拟性活动的负面价值和负效应，使人的活动更趋合理化，更好地向着有利于人类生存和发展的方向健康、规范、有序地发展。

合理性从词义上讲就是合乎"理性"，对合理性的理解不能脱离具体的事物。我们认为，要探讨虚拟性活动的合理性，就不能离开人的活动，就必须与人的活动的"理性"结合起来，将合乎"理性"理解为既合乎人性（人的目的）又合乎物性（事物的规律），即合理性应该是既合目的性又合规律性。从逻辑性和现实性上讲，人的活动的合理性也必须是合目的性与合规律性的统一。人的活动是为人的活动，是为了满足自己的需要而进行的目的性活动，满足人生存和发展的需要这一目的始终贯穿在人的活动过程中，"这个目的是他所知道的，是作为规律决定着他的活动的方式和方法的，他必须使他的意志服从这个目的"。① 有无明确的目的性，也是人的自觉活动区别于动物本能活动的重要标志，人的自觉活动绝不会没有目的。然而人们在活动中又不能只从自己的目的出发，单纯合乎目的，还必须遵循外部世界的规律，合乎外部世界的规律，这正如列宁所说："外部世界、自然界的规律，……乃是人的有目的的活动的基础。"② 可以说，人在任何活动中，只有既从自己的目的出发，又以外部世界的客观规律为活动的基础，才能使外界对象物发生既合目的性又合规律性的变化，才能使自己的活动取得成功，反之则必然遭到失败，甚至给人以惩罚。如生态危机的产生并不在于人作用和改造自然时有没有目的，而在于人在作用和改造自然时没有完全把握生态规律，违背了生态规律，从而使人自身受到了自然界的严厉惩罚。因此，合乎合理性标准的活动应该是合目的性与合规律性相统一的活动；没有目的性的活动只能是盲目本能的活动，而背离规律性的活动也只能是主观随意的活动，这样的活动只能是失败的活动，造成的只能是负面价值和负效应。虚拟性活动也是人的活动，同样具有这样的性质，合乎"理性"，也就是既合目的性又合规律性。

因此，所谓合理规范人的虚拟性活动，从根本上说，就是用既合目的

---

① 《马克思恩格斯选集》第 2 卷，人民出版社，1995，第 178 页。
② 列宁：《哲学笔记》，人民出版社，1974，第 200 页。

性又合规律性及二者相统一的标准来评判、规范人的虚拟性活动，使其做到既合目的性又合规律性，更趋合理化。

如前所述，虚拟性活动是属人的活动，是人在从事的活动，人是活动的创造者、主导者、操作者和享受者，为此，对虚拟性活动的合理规范，主要就是对作为活动主体的人的合理规范，因为只有人才能真正理解何为合目的性、何为合规律性以及二者统一的含义与意义，才能切实做到在活动中更好地实现合目的性与合规律性的有机统一，使虚拟性活动更具合理性。而对作为活动主体的人的合理规范，必须是自律与他律相统一、内因与外因相结合，只有这样，合理规范才能真正起作用。

二 合理规范的自律

在唯物辩证法看来，任何事物都既有内因也有外因，正是内因和外因相互联结、共同起作用，推动着事物的变化发展。但内因和外因在事物发展过程中的地位和作用是不同的，内因是事物存在的深刻基础，是事物变化发展的根据和第一位的原因，外因是事物存在的外在要素，是事物变化发展的必要条件，外因通过内因而起作用。对于作为虚拟性活动主体的人来说，也是如此。人所从事的虚拟性活动是否合理，人自己的内因是根据，起着首要的、决定性的作用，而外因作为必要条件，对虚拟性活动能否合理也有重要的影响，但外因的影响必须通过内因才能真正发挥作用，才能称得上必要条件。就从事活动的视角看，作为活动主体的人的内因主要指人的内在价值取向、素质和能力，外因主要指人所处的社会环境和氛围。人的内因决定着人如何从事虚拟性活动，规定着活动的方向和性质；人的外因则影响着虚拟性活动的开展状态，也影响着活动的方向和性质。前者更为重要，但后者也不可缺少，这也体现着内外因作用的双向性和辩证性。

既然内因是根据，是起首要的、决定性作用的方面，那么，在合理规范虚拟性活动的过程中，首先必须作用于人的内因，促使人们树立正确的价值观，提高科技素养和思想道德素质，增强正能量，形成严格意义上的自律，从而自觉地约束自己的行为，科学地从事虚拟性活动，推动虚拟性活动健康、规范、有序地发展。

我们认为，要解决虚拟性活动主体的自律问题，必须从多方面入手，做到"四个加强"，即加强自我学习、加强素质教育、加强道德建设、加强体育锻炼。

1. 加强自我学习

自我学习是人自我充实、自我完善、自我提高的重要途径和重要方式。我们知道，就人的一生而言，正规的学校学习是短期的。以正规的学历教育为例，从基础教育到高等教育，即从小学学习起算，一直到攻读博士学位，学习时间大概占人生的1/4，并且绝大多数人不可能接受博士或硕士研究生教育。包括专科在内的高等教育入学率超过50%的国家也不多。因此，人们的正规学校学习时间占整个人生的比例普遍还会降低，就人生而言仍是短期的。正规学校学习的场所是基本固定的，总是在特定的校园中进行的，或在教室，或在图书馆，或在自修室，或在学生寝室等；正规学校的学习时间是有限的，一般说来，小学6年，中学6年，本科4年，硕士研究生2~3年，博士研究生3~5年，绝大多数人的正规学校的学习时间也就是16年以下；学习内容是变化不大的，如我国基础教育的内容是基本一致的，高等教育的趋同化现象也是比较严重、比较普遍的。当然，正规的学校教育对人特别是对儿童、青少年的健康成长具有不可替代的重要作用，这也是世界各国越来越重视学校教育的根本原因。而自我学习则可以伴随人的一生，这种学习是长期的，学习时间可以趋于无限，学习场所灵活多变，学习内容丰富多彩，它对人的个性发展，对人的知识的不断增长、素质的不断提高和认知能力的不断增强，同样具有不可替代的重要作用。为此，如何通过加强人们的自我学习来促进人的自我完善，进而提高人的自律能力，确实既是必要的，也是可行的。

在通常情况下，人的自律能力与人的文化知识、综合素质、认知水平是成正比的，人掌握的文化知识越多、综合素质越好、认知水平越高，理性思维也越突出，价值判断也越清晰，自我约束的意识也会越强。而自我学习的过程也是人丰富文化知识、提高综合素质和认知水平的过程，同样也是人增强自律性的过程。文化知识的多寡程度、综合素质和认知水平的高低程度，也会影响人的自律性的强弱程度。当今社会的发展也为人的自我学习创造了良好的氛围和条件，"活到老学到老"的认识已为越来越多的人所认同，终身教育正在全球兴起和发展，特别是网络世界的出现，为自我学习提供了更好的学习途径、更先进的学习手段和更丰富的学习内容。在网络世界中，人们可以突破正规学校学习的时空局限性，只要网络所及，人们就能在任何区域、任何场所、任何时间进行学习；人们可以不受考试录取的限制，通过网络进入任何虚拟大学学习，接受方便快捷的远程教育；人们可以通过页面点击，进入任何虚拟图书馆查阅自己所需的任何资料，还可以向世界各地的专家学者请教自己感兴趣的任何问题，也可以与他人进行平等的思想认识交流，相互学习、取长补短，等等。总之，通过网络世界，人们可以更为轻松、自由、便捷地进行自我学习，从而不断地充实自己、完善自己，在充实自己、完善自己的过程中增强自我约束的意识，更为科学合理地从事虚拟性活动，确保虚拟性活动能够更为健康、规范、有序地进行，切实增大、增强虚拟性活动的正效应，减少、减轻虚拟性活动的负效应。

2. 加强素质教育

素质教育是以提高受教育者诸方面素质为目标的教育模式，也是当今世界所推崇、倡导的教育模式。人的素质应该是指作为个体存在与社会存在相统一的人所具有的素养和性质，它包括人的智力素质、科技素质、人文素质、道德素质、审美素质、身体素质、心理素质、活动技能素质，等等。人的素质是人的本性的组成部分，是人的本质的直接体现，是人的本质力量的内在基础，也是人与动物相区别的重要标志。在上述素质中，同人的生理机制有关的素质确实与先天的生物遗传有着密切的关系，如人体质的强弱在很大程度上取决于先天的遗传基因，一些家族性的疾病就主要是遗传导致的，后天只能减轻、减弱病情，难以根除病根。再如，智力素质也与先天遗传相关，现代物理之父及20世纪最重要的科学家之一的阿尔伯特·爱因斯坦去世后，科学家对其大脑进行了研究，发现爱因斯坦的大脑中负责视觉思考和空间推理的区域——顶叶，要比常人的大15%，而且，它不像常人的大脑那样，被大脑外侧裂分成两个部分，而是一个相对完整的部分。由此可推断出，爱因斯坦之所以具有较强的空间推理能力和超强的记忆力，就在于他有常人不具有的、独特的生理机制。但是，人的绝大多数素质都是通过后天的学习和实践锻炼而形成的，即使是智商和身体机能，也可以通过后天的学习和实践锻炼而得到极大的改善、优化。一般说来，人的综合素质的高低与人的理性控制力也是成正比的，综合素质越高，理性控制力就越强，自律性也会越突出。

为此，必须在全社会大力加强素质教育，特别是可以充分利用网络这一高科技的先进平台，切实做好以下几个方面的工作。一是营造素质教育的良好氛围，宣传开展素质教育对个人发展、社会发展的价值意义，使人们深刻认识加强素质教育的必要性和重要性，增强参与素质教育的积极性、主动性和创造性；二是创新素质教育的形式，通过虚拟大学、网络讲堂、网络研讨等方式，就如何提高人的智力素质、科技素质、人文素质、道德素质、审美素质、身体素质、心理素质、活动技能素质等开设网络课程和学术讲座，展开专题研讨，使人们在轻松愉快的形式中接受教育；三是更新素质教育的内容，运用 3D 全息投影等先进技术，以立体、动态的画面、图像展现新的理论、新的技术、新的知识和新的方法，使素质教育的内容更为生动活泼、喜闻乐见，更易于人们接受，进而转化为自己的内在素质。

3. 加强道德建设

简言之，道德就是人们的行为规范或准则，也是维护社会正常秩序与社会和谐稳定的重要手段。道德与法律虽然都是行为规范或准则，但它们是有区别的，法律是强制性的，主要通过国家机器的强制手段来发挥作用，来规范人们的行为，相对于人而言是一种"他律"；而道德是非强制性的，主要通过社会舆论、风俗习惯等来发挥作用，来规范人们的行为，相对于人而言是一种"自律"。长期以来，我们都把道德看成调整人与人、个人与社会之间关系的行为规范或准则，这是对的，但不全面，因为除了人与人、个人与社会之间存在需要调整的道德关系外，人与自然之间也同样存在需要调整的道德关系，特别是在全球性的生态危机、环境危机爆发以后，怎样正确处理人与自然的关系就显得尤为重要。从一定意义上讲，生态危机、环境危机的出现和人们没有科学地处理好人与自然的关系及生态道德观念淡漠有着直接的关系。在相当长的历史时期里，人们总是片面地把自己看成自然的主人和主宰者，片面地强调"征服自然"，肆意掠夺自然资源，破坏了自然界的平衡状态，从而酿成了空前严重的生态危机、环境危机，使人类自身遭到了严厉的惩罚，教训是深刻的。因此，我们所说的道德，应该既包括涉及社会方面的道德，也包括涉及自然方面的道德；既是调整人与人、个人与社会之间关系的行为规范，也是调整人与自然之间关系的行为规范；应该把保护自然环境、维护生态平衡看成人类为了自己的生存和发展必须履行的道德义务与责任，确立正确的生态道德观念。只有这样看，对道德的认识和理解才是全面的、深刻的，也才是与时俱进的。

网络世界出现、虚拟性活动兴起以后，人们的道德观念方面也呈现了双重效应。一方面，各种科学的、真理性的思想文化在网上传播、交汇，各种彰显人的善良本性和高尚道德情操的形象在荧屏上显现，这对于提高人的思想认识和道德水平应该具有积极的作用；另一方面，在一些人看来，人们的网上活动似乎远离现实社会和现实生活，好像是纯粹的个人行为，可以不受社会的管理和监控，不受行为规范的制约，产生"无人在场"的心态，从而忘记自己是社会的人，忘记自己在现实生活中的社会角色、社会责任和义务，自律性减弱，放松对自己的道德约束，引出为所欲为的冲动，直接导致行为的失范，甚至违法。可见，在虚拟社会、虚拟性活动出现以后，道德建设的任务更重了，道德建设只能加强，不能削弱。为此，必须切实加强社会的道德建设，创新道德宣传和教育的方式、方法，与时俱进地更新道德宣传和教育的内容，形成正确的、强有力的社会舆论导向，帮助和引导人们自觉地加强道德修养，提高道德素质，真正使与时代相适应的道德观念内化为自己的信念和外化为自觉的道德行为，从而科学地从事虚拟性活动，实现活动的合理性。

4. 加强体育锻炼

随着网络社会、虚拟性活动的兴起和发展，体育锻炼也显得越来越重要。在人们方便快捷地运用电脑从事虚拟性活动时，"电脑病"也在日益频繁地出现，并且对人的身心健康造成了越来越严重的影响。"电脑病"又叫视频显示终端综合征，主要是由人缺乏自制力，整日沉溺于五彩缤纷的虚拟世界中，使用电脑的时间过长而又缺乏必要的运动引起的。有人已概括出了十大"电脑病"。一是屏幕脸，即无论大事小事，全仰赖电脑记录，面无表情，肤色暗沉。二是萝卜腿，即长时间坐在电脑旁，静脉曲张，腿部肿胀。三是鼠标手，即操作鼠标时间过长，导致食指或中指疼痛、麻木，大拇指肌肉反应迟钝、无力，引发腕关节综合征。四是颈椎病，颈部姿势长期不变引起僵颈，出现上肢麻痹及疼痛等神经受压现象。五是干眼症，即长时间目不转睛地盯着电脑，导致眼睛酸痛、干涩。六是电磁辐射危害，因为显示器热度过高，在工作时就会有相当多的电磁辐射，会使空气发生电离作用，产生正离子，并不断与空气中的负离子中和，导致负离子严重下降。长期在这样的环境中工作，人会失眠、免疫力下降、女性内分泌紊乱等。七是皮肤过敏，即处于开机状态的显示器周围会形成一个静电场，它差不多会把整个房间空气中悬浮的灰尘吸入自己的场中，从而使人的面部皮肤受到刺激，出现过敏起疹等症状。八是脑功能减弱，即由于过度依赖电脑，自己的脑功能反而减弱，如分析力、记忆力衰退等。九是电脑忧郁症，即长时间的电脑操作形成了"非此即彼"的思维定式，不习惯与人达成妥协和谅解，丧失自信，身心疲惫。十是电脑躁狂症，即由于对电脑过度依赖，当电脑出现故障后，会情绪烦躁不安，对电脑"动武"，有的人还会将不满情绪发泄到家人或同事身上。这些"电脑病"对个人、对社会的危害都是挺大的。

应该看到，这种缺乏自制力、缺乏运动而终日沉溺于虚拟世界的"电脑病"，如果任其自然发展下去，将会严重影响人的身心健康，影响人的生存和发展，影响社会的文明进步，反过来也会影响虚拟性活动的健康有序进行，造成更大的负效应。为此，必须引导人们增强运动意识，加强体育锻炼，做到劳逸结合、有张有弛，从而形成健康的体魄和健全的心理，以充沛的精力和饱满的精神状态投入虚拟性活动中去，使网络世界更为美好、更为理想、更为规范、更为合理。

当然，加强自我学习、加强素质教育、加强道德建设、加强体育锻炼也不是没有关联、孤立发挥作用的，它们也是相互联系、相互作用的，从而能形成作用的合力，共同促使人们更好地实现自制、自律，使虚拟性活动更加规范、合理。

三 合理规范的他律

如前所述，任何事物的变化发展都既有内因也有外因，内因是事物存在的深刻基础，是事物变化发展的根据和第一位的原因，外因是事物存在的外在要素，是事物变化发展的必要条件，它们相互联结、共同起作用，推动着事物的变化发展。对于作为虚拟性活动主体的人来说，也是如此。人所从事的虚拟性活动是否合理，人自己的内因是根据，起着首要的、决定性的作用，而外因作为必要条件，对虚拟性活动的合理性也有重要的影响。具体到虚拟性活动，人的内在价值取向、素质和能力等构成活动主体的内因，人所处的社会环境和氛围等构成活动主体的外因。人的内因决定着人如何从事虚拟性活动，规定着活动的方向和性质；人的外因则影响着虚拟性活动的开展状态，也影响着活动的方向和性质。二者规定性不同，但密切相关，发挥着既有区别，又有联系的作用。

虽然内因是根据，是起首要的、决定性作用的方面，但外因也是不可或缺的，是必不可少的必要条件；因此，在合理规范虚拟性活动的过程中，也必须发挥好外因的作用，营造良好的社会环境和氛围，形成科学的"他律"，从而促使人自觉地约束自己的行为，科学地从事虚拟性活动，推动虚拟性活动健康、规范、有序地发展，更好地实现活动的合理性。

我们认为，要解决虚拟性活动主体的他律问题，也必须从多方面着手，做到"三个加强"，即加强舆论导向、加强法律制约、加强社会管理。

1. 加强舆论导向

舆论导向又称舆论引导，简言之，舆论导向就是运用社会舆论来影响人们的思想、引导人们的意向，从而影响人们的行为，使他们按照社会倡导的正确价值观、道德观和行为准则从事社会活动的传播方式。舆论导向在社会生活中具有重要的作用，它是弘扬社会主旋律、传播社会正能量的重要方式。在现实社会中需要坚持正确的舆论导向，切实加强舆论导向，在虚拟社会中同样需要坚持正确的舆论导向，切实加强舆论引导能力，因为虚拟社会不是脱离现实社会的空幻社会，而是现实社会的延伸，是现实社会的一种新的存在形式，从事虚拟性活动的人也最终是生活在现实社会中的人。

在我国当今社会，要坚持正确的舆论导向，切实加强舆论导向，就必须真正做到弘扬主旋律、传播正能量、占领主阵地。应该看到，主旋律反映了实现中华民族伟大复兴的中国梦，凸显了当代中国发展趋势的主流价值观，体现了我们党和全国各族人民的根本利益。因此，弘扬主旋律就是要在全社会大力倡导这些理念，用主旋律来提振民族精神、弘扬浩然正气，增强为实现中华民族伟大复兴而奋力拼搏的责任感和使命感。所谓正能量，即所有健康向上、振奋精神、催人奋进、积极有为的社会精神力量。传播正能量就是要宣传社会主义核心价值观，传播有利于激励人们斗志、增强民族自信、汇聚奋斗力量、推动社会进步的精神产品，就是要宣传体现时代精神、反映时代潮流的人和事，真正发挥好社会示范作用。要弘扬主旋律、传播正能量，就必须积极主动地占领各种宣传主阵地，做到没有空缺、没有遗漏。特别是在网络世界不断扩大、网络作用日显重要的条件下，我们必须依法、规范、科学、有效地管理好网络空间，加强网络生态治理，营造良好的网络活动环境和氛围，努力掌握网络舆论主动权，最大限度地发挥好网络的积极作用和正效应，增强网络正能量。要坚持正确的舆论导向，切实加强舆论导向，还需要创新导向理念、更新导向手段，用生动活泼、喜闻乐见的方式来提升舆论导向的质量和水平，增强舆论导向的吸引力、感染力和说服力，使人们自觉地规范自己的网络行为，合理地从事虚拟性活动。

2. 加强法律制约

在网络治理、虚拟性活动的合理规范过程中，法律具有不可替代的重要作用。我们知道，法律是体现国家特别是统治阶级的利益和意志，并由国家政权的强制力保证执行的行为规范，它是任何国家强力调整人与人之间、个人与社会之间以及人与自然之间关系的行为准则，也是强制性非常突出的社会他律。为此，法律这一社会他律与舆论导向是有区别的：舆论导向也是一种社会他律，但舆论导向主要是通过思想观念方面的引导、宣传、教育使人们接受与时代发展、人的发展、社会进步相适应的价值观、道德观和行为准则，从而自觉地约束自己的行为，这种社会他律是柔性的、非强制性的；而法律则是由拥有立法权的立法机关所制定、颁布，并通过国家机器的强制力量确保执行的行为规范，是刚性的、强制性的。在现实的社会生活中，在规范人的行为的过程中，法律和舆论导向这两种他律手段往往是相互依存、相互促进、相互补充、共同发挥作用的。正因为如此，我们要想更有效地合理规范人的虚拟性活动，就必须在坚持正确的舆论导向、切实加强舆论导向的条件下，运用法律这一有力武器，实施强制性的他律，使网络的治理、虚拟性活动的规范走上法治的轨道。

一般说来，法律对人的行为的规范作用表现在五个方面。其一，强制性作用，即法律作为社会行为规范的一项重要作用就在于用强制性的手段制裁、惩罚违法犯罪行为，这种作用所指向的对象是违法者的行为。法律的这一强制性的惩治作用不仅可以有力地制裁违法犯罪行为，而且可以有效地预防违法犯罪行为，从而有利于增强社会成员的安全感，维护社会的稳定。其二，指引性作用。法律作为一种社会性的行为规范，具有对个体行为的指引作用，使社会成员能按照法律条文来约束自己的行为，在法律规范允许的范围内从事活动，遵法守法。其三，评价性作用，即法律作为一种社会行为的尺度和标准，具有评价人们的行为是否合法或是否有效的作用。法律这种评价尺度、标准相对于道德规范，确实显得更为明确、更为具体，从而更有利于实践操作和贯彻实施。其四，教育性作用，即法律作为一种社会行为规范，还具有特定的社会教育作用，它通过惩罚违法犯罪行为，既对受制裁者本人有教育作用，也对其他人有教育作用；它通过维护人们的合法行为，也同样对社会成员的行为具有教育示范作用。其五，预测性作用，即法律有可预测的功能，根据作为社会规范的法律条文等，人们可以事前判断他们将如何行为才是合法的、有效的。充分发挥好法律的这些作用，对强制性地制约人们的网络行为，合理规范虚拟性活动确实具有重要的功能。它可以发挥强制作用，有力地打击、惩治已经发生的网络犯罪行为，还能有效地预防、制止行将发生的网络犯罪行为；它可以发挥指引作用，引导人们增强网络正能量，在虚拟世界里自觉遵法守法；它可以发挥评价作用，使人能依据法律规定进行是否合法的自我评价，在法律无形威力的监督下合法地从事虚拟性活动；它可以发挥教育作用，使人理性地分清对错、好坏、善恶、美丑等，激发向善、向上的精神力量；它可以发挥预测作用，使人在法律的威慑下改变网络世界"无人在场"的畸形心态，承担起应有的社会责任；等等。总之，在虚拟性活动的法律制约方面，要增强人们的法律意识，提高人们的法律素质，还要做到有法可依、有法必依、执法必严、违法必究，使法律在网络社会的治理过程中真正发挥抑恶扬善的作用。

3. 加强社会管理

网络社会是一种新的社会存在形式，虚拟性活动是一种新的人类活动形态，具有新的形式和内容，也具有新的功能和特征，为此，如何有效地治理网络社会、合理地规范虚拟性活动，也是一项新的社会管理任务。也正因为如此，党的十八大报告把"加强网络社会管理，推进网络依法规范有序运行"[①] 作为新的历史时期的一项新的重大任务提了出来，由此可见其必要性和重要性。确实，网络社会、虚拟性活动作为当代科技革命的产物，作为充分体现时代认识水平和目前人类智慧的高科技活动平台，具有虚实相融性、即时交互性、超越时空性、自由开放性、智能创新性等不同于现实社会、现实性活动的新的特征，需要进行新的审视；再者，网络社会、虚拟性活动出现的时间短、发展猛，至今还处在日新月异的变化发展过程中，人们对其本质和功能的认识也还处在不断深化的过程中，如何加强管理仍是一项新的理论和现实课题。并且，网络社会、虚拟性活动作为具有相对独立性的新的存在形式和新的活动形态，本身也构成了一个新的复杂的系统，作为系统构成基本要素的活动主体、活动客体、活动中介等都发生了重大的变化，运行机制也有别于现实社会和现实性活动，从而使社会管理的任务更为复杂、更为艰巨。因此，世界上许多国家都在关注网络社会的管理问题和虚拟性活动的合理规范问题，都在积极探寻解决的办法，我国也正在这样做，这才把"加强网络社会管理，推进网络依法规范

---

① 胡锦涛：《坚定不移沿着中国特色社会主义道路前进　为全面建成小康社会而奋斗——在中国共产党第十八次全国代表大会上的报告》，《人民日报》2012 年 11 月 18 日。

有序运行"作为一项新的重大任务写入了党的十八大报告，作为扎实推进社会主义文化强国建设的重要举措。

从一定意义上讲，坚持正确的舆论导向、加强舆论引导和加强法律制约等也属于广义的社会管理范畴，也是有效治理网络社会、合理规范虚拟性活动的重要手段，必须始终坚持不放松。同时，网络社会、虚拟性活动毕竟是高科技构建的社会存在形式和人的活动形态，在网络社会中进行虚拟性活动的人毕竟是现实的人，因此，从方法论的视角看，网络社会的治理和虚拟性活动的规范还必须从科技手段和社会组织两个方面入手。一是完善科技监控的手段，研发网络管理的软硬件，创新科技监控的方式方法，改善科技监控的条件，提高科技监控的水平，做到监控方便快捷、准确有效，处置方法得当、及时有力。二是组建网络管理的专门机构，在管理过程中做到既认真履行职责，又体现人文关怀，既加强管理，又善于引导，使网络空间的管理依法、科学、有效地进行，使人们的虚拟性活动健康、合理、有序地开展，营造良好的网络生态环境和网络生态氛围。

在合理规范虚拟性活动的过程中，加强舆论导向、加强法律制约、加强社会管理也应该是一个相互联系的有机整体，它们也必须相互促进、作用互补，形成社会他律的作用合力。

我们还应该看到，自律与他律也必须有机地结合起来，内因与外因相互联结、共同起作用，才能有效地治理好网络社会，才能合理地规范好人的虚拟性活动，也才能使网络社会、虚拟性活动更好地发挥其积极作用和正效应、正能量。

任何社会都需要构建理想的存在形式，任何个体都渴望追求美好的幸福生活，网络社会、虚拟性活动是社会进步的必然选择，也是人的发展的必然选择，因此，为了社会的不断进步和人的不断发展，人类也一定会不断地完善自己，有效地治理网络社会，合理地规范自己的虚拟性活动，尽量增大正效应、增强正效应、减少负效应、减轻负效应，使网络社会越来越理想、越来越美好，使虚拟性活动越来越健康、越来越合理。

主要参考文献

《马克思恩格斯选集》第1~4卷，人民出版社，1995。

《马克思恩格斯文集》第7卷，人民出版社，2009。

马克思：《1844年经济学哲学手稿》，人民出版社，1985。

列宁：《哲学笔记》，人民出版社，1974。

夏甄陶：《人是什么》，商务印书馆，2000。

张世英：《新哲学演讲录》，广西师范大学出版社，2004。

郭湛：《人活动的效率》，人民出版社，1990。

孙正聿：《属人的世界》，吉林人民出版社，2007。

龚振黔：《人的活动研究》，贵州人民出版社，2000。

龚振黔、孙树文：《实践规律研究》，贵州人民出版社，2012。

龚振黔：《当代科技革命与人的活动演变问题研究》，贵州大学出版社，2013。

谢俊：《虚拟自我论》，中国社会科学出版社，2011。

杨富斌：《信息化认识系统导论》，军事科学出版社，2000。

张怡等：《虚拟认识论》，学林出版社，2003。

汪成为：《人类认识世界的帮手——虚拟现实》，清华大学出版社，2000。

张明仓：《虚拟实践论》，云南人民出版社，2005。

曾国屏等：《赛博空间的哲学探索》，清华大学出版社，2002。

曾令辉：《虚拟社会人的发展研究》，人民出版社，2009。

常晋芳：《哲学引论——网络时代人类存在方式的变革》，广东人民出版社，2005。

贾英健：《虚拟生存论》，人民出版社，2011。

黄河：《虚拟活动：一种新型的人类活动》，光明日报出版社，2013。

常晋芳：《哲学引论——网络时代人类存在方式的变革》，广东人民出版社，2005。

李一：《网络行为失范》，社会科学文献出版社，2007。

〔英〕查尔斯·罗伯特·达尔文：《人类的由来》，潘光旦、胡寿文译，商务印书馆，1983。

〔美〕亚伯拉罕·马斯洛等：《人的潜能与价值》，林方译，华夏出版社，1987。

〔美〕迈克尔·海姆：《从界面到网络空间——虚拟实在的形而上学》，金吾伦、刘钢译，上海科技教育出版社，2000。

〔德〕恩斯特·卡西尔：《人论》，甘阳译，上海译文出版社，2004。

〔美〕尼古拉·尼葛洛庞帝：《数字化生存》，胡泳、范海燕译，海南出版社，1996。

〔美〕阿尔文·托夫勒：《第三次浪潮》，黄明坚译，中信出版社，2006。

〔美〕唐·泰普思科：《泰普思科预言：21世纪人类生活新模式》，卓秀娟等译，时事出版社，1998。

〔英〕维克托·迈尔-舍恩伯格、肯尼思·库克耶：《大数据时代：生活、工作与思维的大变革》，盛杨燕、周涛译，浙江人民出版社，2013。

〔加〕文森特·莫斯可：《数字化崇拜》，黄典林译，曹进校，北京大学出版社，2010。

〔英〕亚当·乔伊森：《网络行为心理学——虚拟世界与真实生活》，任衍具、魏玲译，商务印书馆，2014。

陈志良：《虚拟：哲学必须面对的课题》，《人民日报》2001年1月8日。

张明仓：《走向虚拟实践：人类存在方式的重大变革》，《东岳论坛》2003年第1期。

陈志良：《虚拟：人类中介系统的革命》，《中国人民大学学报》2000年第4期。

周甄武：《论人的虚拟性》，《东岳论丛》2007年第5期。

龚振黔、黄河：《人的虚拟性活动的哲学探讨》，《贵州师范大学学报》（社会科学版）2012年第6期。

龚振黔：《论人的虚拟性活动对社会的辩证作用》，《贵州社会科学》2016年第5期。

龚振黔：《论人的虚拟性活动对人的辩证作用》，《贵州师范大学学报》（社会科学版）2016年第2期。

龚振黔：《论虚拟性活动的合理规范》，《贵阳学院学报》（社会科学版）2016年第2期。

邬焜：《论时空的复杂性》，《中国人民大学学报》2005年第5期。

艾志强：《科技风险与科学技术的公众认知》，《辽宁工业大学学报》2009年第3期。

〔美〕曼纽尔·卡斯特尔：《地方与全球：网络社会里的城市》，叶涯剑译，《都市文化研究》2010年第1期。

中国互联网络信息中心（CNNIC）：《第35、36次中国互联网发展状况统计报告》，载 http：//www.cnnic.net.cn/hlwfzyj/hlwxzbg/hlwtjbg/。

图书在版编目(CIP)数据

虚拟社会中人的虚拟性活动的哲学研究 / 龚振黔，黄河，龚婷著. -- 北京：社会科学文献出版社，2020.7
ISBN 978-7-5201-6708-6

Ⅰ.①虚… Ⅱ.①龚…②黄…③龚… Ⅲ.①互联网络-社会哲学-研究 Ⅳ.①B0②TP393.4

中国版本图书馆 CIP 数据核字（2020）第 092160 号

虚拟社会中人的虚拟性活动的哲学研究

著　者 / 龚振黔　黄　河　龚　婷

出 版 人 / 谢寿光
责任编辑 / 卫　羚

出　　版 / 社会科学文献出版社·人文分社（010）59367215
　　　　　　地址：北京市北三环中路甲29号院华龙大厦　邮编：100029
　　　　　　网址：www.ssap.com.cn

发　　行 / 市场营销中心（010）59367081　59367083
印　　装 / 三河市龙林印务有限公司

规　　格 / 开　本：787mm×1092mm　1/16
　　　　　　印　张：11.5　字　数：184千字

版　　次 / 2020年7月第1版　2020年7月第1次印刷
书　　号 / ISBN 978-7-5201-6708-6
定　　价 / 98.00元

本书如有印装质量问题，请与读者服务中心（010-59367028）联系

▲ 版权所有 翻印必究